**Vende a la mente, no a la gente**



Empresa y Talento

**Jürgen Klarić**

# Vende a la mente, no a la gente

*Neuroventas: la ciencia de vender más hablando menos*

alienta
EDITORIAL

Alienta, un sello editorial de Centro Libros PAPF, S. L. U.
Avda. Diagonal, 662-664, 08034 Barcelona (España)
www.alientaeditorial.com
www.planetadelibros.com

Diseño del interior: Cortesía de Biia International Publishing
Adaptación de la cubierta: Booket / Área Editorial Grupo Planeta
Diseño de la cubierta: © Mario Arturo
Ilustración de la cubierta: © Nizwa Design / Shutterstock
Primera edición en Colección Booket: noviembre de 2025
Segunda impresión: octubre de 2026

Depósito legal: B. 18.421-2025
ISBN: 978-84-1344-467-3
Impreso en España

**Biografía**

Jürgen Klarić es profesor, escritor, empresario e investigador, además de uno de los más reconocidos especialistas actuales en neuromarketing y neuromotivación. Es el divulgador de neurociencias aplicadas a la vida, la felicidad y los negocios más leído del mundo: ha publicado varios superventas y ha vendido más de dos millones de libros. Nacido en 1970 en San Francisco, California, es conocido como el Steve Jobs de la educación por su innovación social formativa. No en vano, ha fundado la plataforma educativa más grande de Latinoamérica, la BiiA Lab, la institución que otorga más becas en español a través de Internet. Jürgen Klarić lleva años experimentando y difundiendo el uso del neuromarketing, siempre respaldado por investigaciones científicas. Además de impartir cientos de clases y talleres sobre esta materia por todo el mundo, ha dado casi medio millar de conferencias a las que han asistido más de un millón de personas, y tiene más de ocho millones de seguidores en redes sociales.

@jurgenklaric

www.jurgenklaric.com

# Doy las gracias a todos los que hicieron posible este libro

Más información
**www.jorgenklaric.com/es**

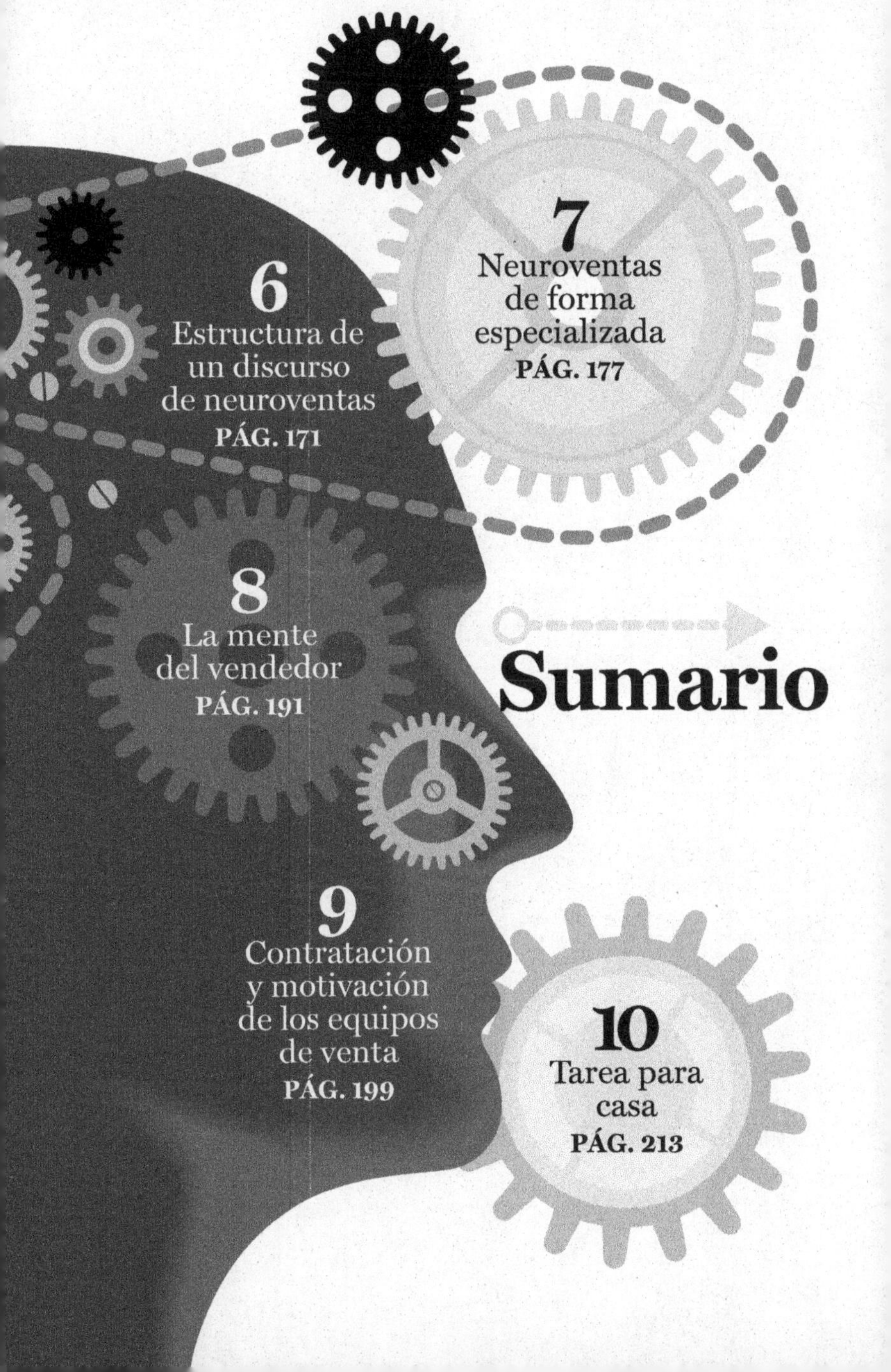

# Sumario

# Introducción

Este libro sobre neuroventas es una conclusión de varios años de estudios centrados en entender cómo funciona la mente humana en los procesos de venta. Durante mucho tiempo he hablado de cómo hacer publicidad y *branding* más efectivos, mejores productos y conceptos, así como innovaciones estratégicas y valiosas, pero frecuentemente los equipos de ventas me decían: «Queremos saber cómo vender más porque de eso vivimos».

Creo que todos en el mundo deben aprender a vender, porque quien no sabe hacerlo no consigue nada, ni siquiera pareja, así de sencillo. No importa si te dedicas a la medicina o a la venta de pisos, si diriges una empresa o lideras una organización, ante todo debes saber vender, ya sea tus conocimientos, tus ideas, tus productos o bien tu liderazgo. No cabe duda de que el arte de saber vender deja mucho en la vida porque te ayuda a lograr las cosas de forma más rápida y efectiva, y sin tanto desgaste.

Este libro resulta interesante para personas como tú, que entienden la importancia de poder comunicarse y conectar de manera efectiva con los demás, como estrategia para lograr que el producto o servicio que ofreces impacte de manera positiva, para generar mayor cercanía y aceptación. La fisiología de las mujeres y de los hombres es diferente, y también lo son los comportamientos y procesos cognitivos de nuestros cerebros. Cuando, en los ejemplos que incluyo, simplifico y generalizo las diferencias entre los comportamientos masculino y femenino ante una venta, lo hago únicamente para ilustrar mis conclusiones.

## ¡Hola, *commodity*!

Antes que nada, hay que entender un concepto primordial: hoy estamos rodeados de *commodities*. ¿Y qué significa eso? En la economía, se conocía como *commodities* a los productos básicos o materias primas provenientes de la naturaleza, como el agua, el arroz, el trigo o el petróleo, por citar algunos ejemplos. En su momento, las mercancías creadas por el hombre no eran *commodities*, pero en la actualidad estos productos se van *comoditizando*; es decir, se convierten en elementos indispensables en la medida en que se vuelven masivos y no diferenciables entre sí.

Cuando esto sucede, no importa qué vendas, eres percibido igual que tu competencia. En este mundo lleno de información, existe un empate entre capacidades tecnológicas e industriales, por eso es realmente muy difícil decir «yo soy diferente» u «ofrezco algo distinto». Aunque lo fueras o lo tuvieras, es más complicado aún comunicarlo y que la gente te crea.

Qué mejor ejemplo que el teléfono móvil Xperia Z2, de Sony, un aparato espectacular que te permite bucear y hacer fotos bajo el agua. Aunque posee características muy superiores al Galaxy o iPhone 5, la gente apenas lo conoce y pocos lo compran.

Lo que pasa es que ahora todo es un *commodity*. Ponte a pensar en los móviles: Samsung Galaxy S5, iPhone 6, Sony

Xperia, Nokia... ¡Todos son más o menos lo mismo! A uno se le acaba la batería a las 6:30 de la tarde y al otro a las 7:20 de la tarde. Un poquito más o un poquito menos, algún detalle en la pantalla, pero finalmente todos los teléfonos móviles son muy similares, o por lo menos sus fabricantes destacan siempre los mismos elementos.

Por ejemplo, el mercado automotriz: es increíble ver cómo se ha *comoditizado*. Seguramente te ha pasado alguna vez que has visto un coche atractivo y tienes que acercarte a medio metro para saber de qué marca es. Antes eso no ocurría, tú veías un automóvil a doscientos metros y sabías si era Mercedes Benz, Audi o BMW, pero hoy no lo puedes determinar con certeza. Ahora ves uno que parece un Audi, te acercas y es un Kia. Sucede todos los días porque hay un exceso de productos *comoditizados*.

Recuerdo que, en una de mis conferencias, una de las oyentes me dijo que vendía servicios de gestión de residuos, es decir, basura. Yo le pregunté si tenía competencia, ella me respondió: «No al mismo nivel, pero sí en cosas muy parecidas». Si al referirse a «cosas muy parecidas» está afirmando que es prácticamente lo mismo y que aun ella, como vendedora, no puede establecer diferencias, entonces se trata claramente de *commodities*.

Si yo te pido comparar tu empresa con otras diez en tu entorno, preferiblemente con las más importantes en tu sector, y encuentras que dicen y hacen lo mismo, entonces simplemente son la misma cosa. Y cuando todos son iguales,

¿sabes quién gana? El que baja el precio, así de sencillo, y eso no es negocio.

No está bien dominar porque des el precio más barato, simplemente porque así nadie gana y mucho menos el consumidor, a quien no se le da la oportunidad de elegir bajo criterios claros y transparentes. Y tú como emprendedor no te quedas atrás: cuando estás operando con un margen del 12 por ciento al 14 por ciento y bajas al 4 por ciento solo por quedarte con el contrato, estás trabajando gratis.

Hay cosas que se han *comoditizado* recientemente, como los móviles o los vehículos, en cambio los muebles y la joyería lo hicieron ya hace años. Yo viví esa experiencia, me casé hace poco y necesitaba comprar el famoso anillo de compromiso. Encontré un lugar donde tenían los catálogos de todas las joyerías famosas y hacían cualquier anillo exactamente igual al original, pero por la décima parte del precio, claro.

Yo me dedico a una de las cosas más raras que hay en el mundo de los negocios: se llama neuromarketing y consiste en conectar de manera estratégica los productos, servicios, marcas o categorías con la mente del consumidor. Somos apenas un puñado de empresas a nivel global las que trabajamos de manera correcta y ética. En ocasiones, cuando voy a competir por un proyecto, hay tres o cuatro personas que ofrecen igualmente sus servicios, pero, en una reunión de cuarenta y cinco minutos, el futuro cliente no alcanza a entender cuál es la verdadera diferencia entre cada propuesta e incluso, en algunas ocasiones, yo también caigo en ofrecer un *commodity*.

Cuando vas a comprar un horno de microondas, estoy seguro de que adquieres el más barato o el que está en promoción, sencillamente porque este es uno de los productos más *comoditizados* de todos. Entonces, ¿quién puede decir que no ofrece un *commodity*? ¿Pisos? ¡Qué más *commodity* que los pisos! Todos tienen cocina, armarios empotrados y baños; si se pone de moda venderlos de ciento veinte metros cuadrados, todos son de ciento veinte metros cuadrados. Claro, unos tienen baldosas grises y los otros marrones, pero básicamente no hay diferencias perceptibles para el cerebro. Es allí donde la ubicación lo es todo. Pero, cuando carecen de ella, si no sabes vender, tienes un problema.

En un mundo en el que todos los sectores se están *comoditizando*, donde todos saben igual, se oyen igual y se ven igual, el cerebro no tiene la capacidad de diferenciar y tomar una decisión de compra, precisamente porque todos hacen sentir lo mismo o, en palabras técnicas, activan de la misma forma. Entonces, según tu habilidad para diferenciar tu producto, basado en un discurso de ventas poderosísimo, en la experiencia y en las ventajas diferenciales que brinda la mercancía, puedes lograr una mejor aceptación de los consumidores mostrándote cercano a sus expectativas y necesidades.

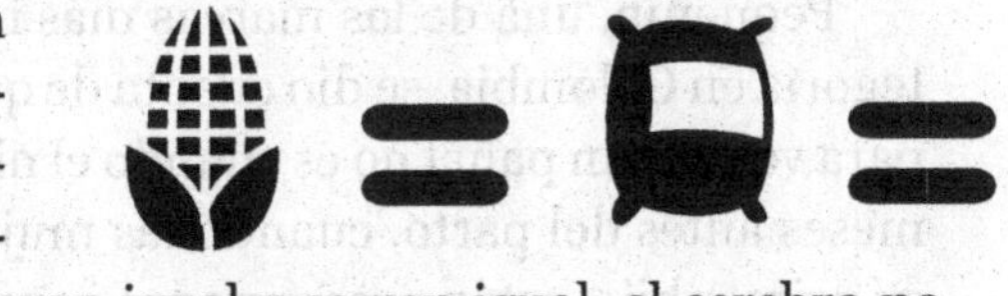

Es así de simple: si reaccionas y adoptas esta estrategia antes de que lleguen treinta y cinco *commodities* a desgastar precio e imagen, aumentarás tus posibilidades de vender y ganar, posicionándote incluso como líder dentro de la categoría en la que te especialices.

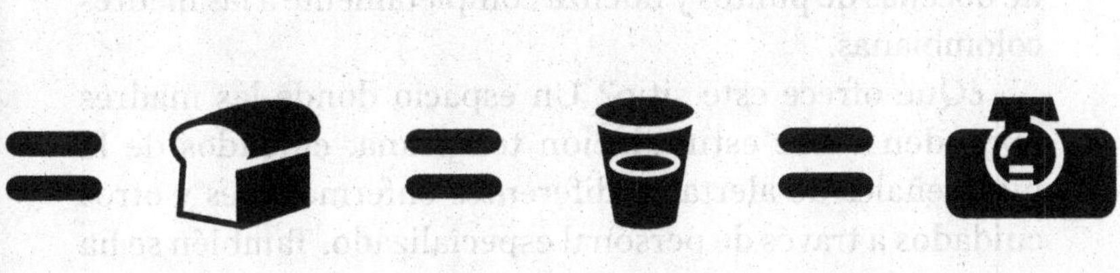

Salir a vender productos y servicios es desgastante y cada vez será más difícil. Si vas a ofrecer simplemente pañales, por ejemplo, vas a terminar con dolor de cabeza. Te conviene más vender la forma de cubrir la necesidad antropológica inconsciente de una madre que salir a vender un pañal, porque así ella te va a escuchar con mayor atención, se sentirá comprendida y cercana al mundo de posibilidades que le ofrece tu producto para mejorar su experiencia como cuidadora y protectora de su hijito.

Pequeñín, una de las marcas más importantes en su categoría en Colombia, se dio cuenta de que el mejor momento para vender un pañal no es cuando el niño ya ha nacido, sino meses antes del parto, cuando las mujeres, sobre todo si es su primer hijo, están preocupadas por no saber si serán buenas madres.

Siguiendo una estrategia, la marca se acercó a las futuras madres para tranquilizarlas, mostrándoles su apoyo y enseñándoles todo lo relacionado con el cambio del pañal, para que se sintieran preparadas y seguras cuando naciera su bebé. ¿Qué pasaba cuando nacía el niño? La madre decía: «Yo no puedo comprar pañales de otra marca si quien me enseñó a cambiarlos fue Pequeñín y ha estado todo el tiempo a mi lado».

Fue tal el éxito que la marca abrió nuevos espacios para seguir acompañando y apoyando a las madres en otras etapas del crecimiento de sus hijos. Así la empresa creó un lugar especializado llamado Club Pequeñín, que actualmente tiene docenas de puntos y fideliza completamente a las madres colombianas.

¿Qué ofrece este sitio? Un espacio donde las madres aprenden sobre estimulación temprana, cuidados de la piel, señales de alerta de diferentes enfermedades y otros cuidados a través de personal especializado. También se ha convertido en un punto de encuentro con otras madres, para pasar un buen rato mientras sus hijos juegan y se divierten.

Otro ejemplo son las universidades de Perú. En los cien kilómetros de la carretera Panamericana Sur, que lleva a los balnearios más exclusivos, conté hasta diez vallas publicitarias diferentes que hablaban de educación y todas decían lo mismo: que son modernas, para emprendedores, que te preparan para el futuro... El cerebro es incapaz de diferenciar una propuesta de otra y nada le interesa porque hoy la educación se ha convertido en lo más *comoditizado* que puedes encontrar.

Lo más gracioso es que todos parecen haberse puesto de acuerdo para vender un *commodity*, pero hoy los jóvenes quieren un discurso nuevo, que les ofrezca algo diferente para decidirse a estudiar en una universidad. Es por esto que no escuchan los mensajes: los sienten homogéneos y vacíos. Ninguna de esas universidades tiene mucha noción de cómo venderle al cerebro. Le están vendiendo a la gente y no a la mente.

Cuando las familias se informan en las universidades, les hablan de las características, las facilidades y las instalaciones, pero pocas preguntan qué expectativas o sueños tiene el aspirante para mostrarle cómo la universidad y su programa son la mejor alternativa para lograrlo. Ojo, generalmente la primera respuesta es tan básica como «quiero ser ingeniero», y muchas veces las instituciones se quedan con eso. Pero, si no hay nada que te sirva, entonces tienes que profundizar. «¿Por qué quieres ser ingeniero, cómo te quieres proyectar en la vida, cómo quieres repercutir, qué es para ti trascender?» Cuando obtienes esas respuestas, puedes preparar un discurso definitivamente más poderoso.

Los bancos también son los más *comoditizazos*: todos ofrecen lo mismo. Cada vez que abrimos una oficina nueva de mi empresa, yo me encargo de hacer los trámites de apertura de cuentas. Y es increíble porque nadie habla al ser humano, sino a la gran corporación, y la verdad es que no nos entendemos porque la persona es la que toma la decisión. A la banca, en buena parte del mundo, le urge aprender de neuroventas porque no sabe cómo hablarle al cerebro.

Este libro es tan importante porque va más allá de la diferenciación o de que estés vendiendo algo *comoditizado*. Los principios que te voy a enseñar sirven para entender y conquistar de manera rápida la mente de la gente.

Aquí vas a recibir conocimientos únicos y los veinte principios de neuroventas más importantes para relacionarte de forma exitosa con los clientes. No importa si eres contable o ingeniero de sistemas, si vendes casas, automóviles o bicicletas, yo te enseñaré cómo conectar con la gente.

## Vender ahora es una ciencia

Antes vender era solo una técnica, hoy es una ciencia. ¿Sabes por qué? Porque se involucran diversas ciencias para validar los discursos. Desde hace más de veinte años, gracias a la neurolingüística, se sabe que la comunicación correcta y persuasiva no solo se realiza a través de las palabras, sino también mediante la entonación y la posición del cuerpo: la famosa comunicación no verbal. Sin embargo, no estaba científicamente comprobado. Gracias a la tecnología que usamos en la actualidad, las neurociencias han validado este hecho e incluso han determinado las proporciones en que participa cada elemento de la comunicación.

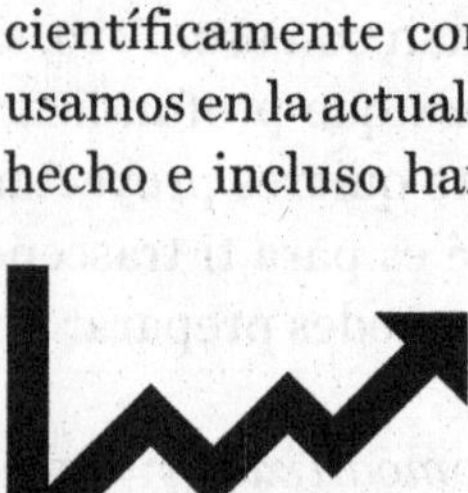

Antes se creía, por ejemplo, que el lenguaje corporal aportaba un porcentaje muy amplio en la comunicación general. Hoy, a través de pruebas científicas, hemos confirmado esta premisa con pruebas contundentes de por qué y cómo lo hace.

Aunque la ciencia puede fallar, estos conocimientos nos proporcionan pruebas que disminuyen la vulnerabilidad dentro de los procesos comerciales, dándonos la posibilidad de desarrollar estrategias más sólidas y efectivas. Conocer los misterios de la mente humana nos explica, entre otras cosas, los comportamientos curiosos y los procesos de decisión atrevidos. No te imaginas lo arriesgado que suele ser nuestro cerebro cuando compra. Estamos convencidos de que sabemos lo que vamos a comprar, pero uno de los principios que aprenderás en este libro es que nadie tiene ni la menor idea de por qué compra algo, así como lo lees: que tú creas que sabes no suele ser el resultado de procesos cerebrales adecuadamente encadenados, por lo que fácilmente te ves en problemas a la hora de argumentar, defender y justificar las razones por las cuales lo haces.

Una buena forma de ejemplificar esta desconexión entre lo que decides y las razones que tienes es la preferencia por los colores. Siempre hago este ejercicio en mis talleres y conferencias, pregunto al público cuál es su color favorito. ¿Quieres que te diga cuál es el color que más van a decir los hombres? El azul siempre es el ganador. Lo curioso es que, cuando les preguntas por qué prefieren ese color, su respuesta refleja que no lo saben. Son el típico consumidor, que conoce que quiere algo y le gusta, pero no sabe por qué. Te puedo garantizar que menos del 1 por ciento puede dar una respuesta bien argumentada.

Lo más gracioso es que puedo demostrar científicamente que a su cerebro no le gusta el azul, sino el verde. «No es cierto, no me gusta el verde», me dirá alguno. Pero veo en los aparatos con los que hacemos nuestras investigaciones que, cuando le muestro el verde, su cerebro responde positivamente y se activa más que frente al azul. «No, me gusta el azul», insistirá. ¿Entonces qué hacemos en neuroventas? A pesar de lo que dice, no le ponemos el azul, mejor le mostramos el verde y su cerebro lo compra.

En neuroventas nos encargamos de estudiar cuáles son los estímulos y las cosas que le gustan al cerebro, porque cuando le muestras a esta compleja estructura qué es lo que quiere, en vez de lo que la persona pide, entonces, ¡oh sorpresa!, las ventas suben. Por eso te digo: deja de venderle a la gente para empezar a venderle a la mente.

En el pasado nadie usaba la información sobre el funcionamiento del cerebro para desarrollar su estrategia de venta, principalmente porque no había tecnología para saber qué podían aportar las neurociencias, a través de datos importantes como el impacto de un estímulo o la aceptación del cerebro, a la forma en que es presentado. No existían ordenadores, encefalógrafos y otros equipos disponibles ahora para medir estas cosas. Y cuando los hubo, al inicio, eran carísimos. Hoy, cuando estudiamos la mente de una persona en un proceso que te voy a mostrar más adelante, usamos un *hardware* y un *software* que cuestan casi medio millón de dólares. A pesar de ser bastante dinero, este tipo de tecnología cuesta la mitad que hace diez años, y es mucho más accesible.

Las empresas de neuromarketing están proliferando por todo el mundo, prácticamente cada día nace una, pero no sé cómo muchas de ellas pueden hacer estudios serios con laboratorios en donde la inversión total en aparatos no sobrepasa los 20.000 dólares.

La experiencia me ha demostrado que no hay tecnología estable y efectiva que pueda hacer estudios con seguridad y solidez por menos de 150.000 dólares. Por eso, no todas las compañías de neuromarketing pueden entender realmente las preferencias de la mente del consumidor, generando en muchos casos conclusiones erradas que no llevan a ninguna parte.

Considera que detrás de lo que estás aprendiendo en este libro hay un equipo de neurocientíficos calificados, que cuentan con la tecnología más avanzada disponible en la actualidad.

Yo no soy neurocientífico, me considero un divulgador científico, me gusta aclararlo. Si dejara a mis compañeros neurocientíficos escribir este libro, tendrías menos probabilidades de entenderlo.

Ellos no están interesados en los negocios; prefieren estudiar, entender y predecir los procesos y respuestas del cerebro humano. Convivo y trabajo con ellos en seis países, en tres neurolaboratorios, rodeados además por un centenar de antropólogos, semióticos, psicólogos, profesionales del marketing e innovadores. Ellos me proporcionan la información para convertirla en un instrumento poderosísimo de ventas y, en esta ocasión, en un libro de capacitación.

## El Niño Dólar

Desde chico me gustaban las ventas y por eso en la escuela me llamaban el Niño Dólar. Hace treinta y ocho años, si un chico vendía cosas en el colegio era por tres razones: el muchacho era pobre, un materialista muy mal educado o había algún problema en su hogar. En mi caso, no era ninguna de las tres, simplemente era un vendedor nato.

Inicié mi primer negocio a los nueve años: vendía pegatinas importadas. Pero a mi padre no le gustaba, se moría de la vergüenza y trataba de detenerme repitiéndome: «Pero qué va a decir la gente, que yo no te doy dinero o que somos pobres». En cambio, mi madre me apoyaba e incluso era mi socia.

Soy estadounidense de padres bolivianos y, cuando tenía ocho años, decidieron que la familia regresaba a Bolivia. Sin embargo, siempre teníamos lazos y conexiones con Estados Unidos, así que muchas festividades las pasábamos en aquel país. Estando allá una Navidad a principios de los ochenta, una de mis tías, que nos mimaba mucho y tenía el suficiente dinero para hacerlo, regaló a todos sus sobrinos ese mágico aparatito que se llamaba Donkey Kong, de Nintendo, el primer juego electrónico en su categoría.

Durante casi un mes después de recibir el regalo, no vi hablar ni pestañear a mis primos, todos estaban hipnotizados con el jueguecito. En cambio a mí me duró como tres días la novedad. Al cuarto lo dejé y empecé a pensar cómo conseguir más consolas para venderlas en Bolivia, donde no existía esta maravilla.

Lo primero que pensé fue venderlo, así que lo conservé muy bien para que no se rayara ni se estropeara, pero en el camino me di cuenta de que era una estupidez hacerlo y que resultaba más rentable alquilarlo. Y así lo hice: en la escuela alquilaba el Nintendo por horas, y en poco tiempo ya tenía seis de estos juegos. Recuerdo que logré ahorrar el equivalente a unos mil dólares.

Lo que siempre me fascinó no era comercializar en sí, sino tener la satisfacción de poder ofrecer algo que la gente se muriera por tener, y esa es una gran diferencia. De ahí a que los buenos vendedores son, al final del día, grandes agentes de servicio. El que únicamente vende, y no entiende ni aprecia el valor simbólico de lo que entrega, dura bien poquito en este negocio.

En otro viaje que realicé a los Estados Unidos, estaba en cartelera la famosa película *E.T. El extraterrestre*. Mientras todos se impresionaban con el filme y compraban el peluche para llevárselo a su casa, yo pensaba: «Qué buen negocio sería comprar artículos promocionales de E.T. y venderlos en Bolivia cuando la película llegue dentro de unos meses». Mi madre me prestó el dinero y gasté como ciento cincuenta dólares en esos artículos. Ya en Bolivia, le pedía que me llevara al cine para venderlos a la salida de la sesión del domingo a las ocho de la noche, cuando iba toda la sociedad de Cochabamba. Ella siempre aceptaba, aunque muchos años después me confesó que se moría de la vergüenza porque salían todos sus amigos y le preguntaban qué hacía Jürgencito vendiendo esas cosas. Ella pensaba: «Lo que cuesta ayudar a que mi hijo sea un emprendedor...».

Además de mi instinto de vendedor, otra cosa que me caracterizaba es que era un curioso insaciable, quería una respuesta para todo. Entre otras cosas, me preguntaba frecuentemente: ¿qué hace que la gente compre algo? ¿Qué tienen estos suvenires de E.T.? ¿Por qué se lo quieren llevar a casa?

Finalmente, entendí que de eso se trataba la película; de llevarte al extraterrestre a casa, pero, como en realidad no podías tener al verdadero E.T., la opción más cercana para cumplir ese deseo era comprar un peluche o una pegatina.

Sé que no es frecuente que alguien llegue a estos cuestionamientos a esa edad (ni es lo que espero), pero son preguntas que cuanto más temprano nos empecemos a hacer, más y mejores respuestas obtendremos para transformar el mundo de las ventas.

Lamentablemente, la realidad es diferente. Hoy existen empresarios con más de cincuenta años de experiencia que nunca se han hecho una pregunta que los lleve a conocer las causas y razones reales de consumo de los productos que comercializan, limitando su panorama y sus posibilidades de éxito.

Mi hijo tiene dieciséis años y, como muchos padres, lo que más quisiera es que saliera a vender algún producto o a conseguir un trabajo en su tiempo libre para que aprenda el valor de las cosas y el esfuerzo que se hace para ganar dinero. Después de una dura concienciación de un año, por fin acabo de tener éxito y ahora él está empezando su propio emprendimiento. Pero a mi hija de catorce años no le gusta vender y hasta le da vergüenza; bueno, ya veremos si le hace falta en el futuro.

## Los alcances de las neuroventas

Es un hecho: no importa a qué te dediques, hasta para que te den un trabajo tienes que saber vender. Un chico me decía en Facebook: «Jürgen, mañana tengo una entrevista muy importante en mi vida, ¿me puedes recomendar una estrategia de neuroventas para venderme?». ¡Qué buena esa pregunta! ¿Te has cuestionado qué debes hacer para venderte a ti mismo en una entrevista laboral?

Cuando entrevisto candidatos para trabajar en mi empresa, es triste ver que en muchas ocasiones las evaluaciones terminan en desastre porque no saben describir sus habilidades, dudan al hablar, evitan el contacto visual, manejan un lenguaje corporal inadecuado, llegan vestidos de manera inapropiada o a la hora incorrecta, hacen las preguntas equivocadas e incluso no traen su currículum impreso.

¡Pobres chicos!, se graduaron y nunca les enseñaron cómo venderse en una entrevista laboral; por eso muchos llevan más de un año licenciados de la universidad y no les dan trabajo.

Yo le di a este chico en Facebook un solo consejo: «Pide que te contraten», tan sencillo como eso. Qué gracioso, la gente se muere por trabajar en una empresa, pero nunca dice: «Yo quiero trabajar en su compañía, ¿me puede contratar? Si usted me da la oportunidad, le voy a demostrar las ganas que tengo de trabajar y lo que yo puedo hacer por su empresa con mis capacidades». Muy simple. Un empresario se derrite cuando oye a un joven decir eso.

Te voy a contar otra historia de un muchacho que quería trabajar conmigo y me parecía espectacular por las ganas que tenía. Yo le dije: «Mira, Rafael, no me vas a creer, pero ahora no tengo ni una silla para ofrecerte». Por supuesto, podía comprar una, pero me refería a que no tenía un cargo o tareas para asignarle. ¿Sabes qué me contestó? «Yo me traigo una silla de mi casa y me siento en una esquina.» Lo contraté de inmediato y trabajó conmigo durante diez años. Hoy él es mi competencia y me siento orgulloso: más de una vez ha sabido llevarse un proyecto al que yo también optaba, y se lo merece, porque es un tipo que hace las cosas bien.

Es tan útil saber neuroventas que terminas viéndole la aplicación práctica en todo. Por ejemplo, hay personas que me preguntan si también esto sirve para encontrar pareja.

«¿Tú quieres tener pareja?», le dije a una de ellas. Me respondió: «No, yo nada más preguntaba, simple curiosidad». ¡Por eso no encuentra a nadie! Se pasa el tiempo diciendo que no quiere tener pareja y que no necesita a nadie, pero, la verdad, a mí no me engaña... ¡Se muere de ganas de tener a alguien! Primero debe poner en claro: «Quiero una pareja», y después tendrá que diseñar la estrategia para conseguirlo, antes no.

Cuando uno no sabe nada sobre neuroventas, pierde muchas oportunidades en la vida y hasta puede terminar solo. De alguna forma nos tenemos que «vender» todos los días, incluso con nuestros hijos.

A todos los padres les ha pasado con sus hijos adolescentes: llegan a los quince años y todo es más importante que mamá y papá. Eso es biológico y no me inquieta porque sé cómo funciona el cerebro humano. Lo que sí debe preocuparnos es cómo innovar para seguir siendo importantes para ellos, y eso, amigo mío, son las neuroventas.

**Realmente todos necesitamos entender que debemos ser grandes vendedores para alcanzar lo que deseamos de otras personas.**

Algo muy importante que he aprendido es que siempre hay que entregar. El verdadero vendedor no solo quiere hacer un buen negocio, valora también la forma de mejorar la vida de los demás brindando momentos de felicidad y cubriendo necesidades o enseñando algo a sus clientes.

Cuando damos también recibimos, y las relaciones comerciales no son una excepción. Un cliente siempre te escucha cuando tienes una actitud positiva y un auténtico interés por él. Nuestros clientes llegan a una conclusión simple: «Si me das una solución sin cobrar ni poner condiciones, entonces eres alguien confiable y transparente, que no tiene problema en mostrar lo que sabe, tiene o hace; por tanto, lo que me vendes no puede ser malo y me tiene que servir».

Dar una muestra de conocimiento del producto o servicio que ofreces solo puede ayudar al éxito del negocio, a menos que tú no conozcas el valor de lo que vendes o no estés seguro de que sea bueno. De hecho, debemos entender que solo podemos vender algo en lo que creemos, conocemos y confiamos. En mi caso, todo lo que sé y aprendo en el día a día lo comparto, aunque pudiera guardármelo sin duda. Hay una gran cantidad de gente copiando mis términos y los descubrimientos de mi empresa, y debo decir que me halagan con esto. Yo comparto todo y la prueba es que hay más de cien de mis vídeos en YouTube, que pueden verse gratuitamente, y todos los días regalo veinte consejos en Facebook, ya sean de marketing, innovación o neuroventas. Cuanto más entrego, más obtengo, eso es algo que tenemos que entender y más en el mundo de las ventas:

# el que da siempre recibe.

**Esa es una de las claves en las neuroventas, porque la mente viene programada para ser solidaria.**

## Neuroventas para todos

Las neuroventas pueden ayudar a comercializar cualquier producto o servicio. ¿Quieres vender, por ejemplo, casas o apartamentos? He trabajado mucho en ese tema abordándolo desde las neuroventas, y te puedo asegurar que se convierte en un negocio mejor tanto para la constructora como para la fuerza de ventas.

Manteniendo un modelo de ganancias para los vendedores sobre sus resultados de ventas y una rentabilidad absoluta para la constructora, se logra vender mejor, más rápido e incluso a mayor precio. Entonces se vuelve no solo un buen negocio para todos, sino también una tarea motivante, con tiempos más cortos para que todos alcancen sus objetivos, abriendo nuevas posibilidades de negocio y éxito a corto plazo, con menos desgaste y mayor satisfacción.

¿Cuál es la base del éxito desde las neuroventas en el sector inmobiliario? Conocer cómo es el proceso familiar de toma de decisiones y la importancia de cada espacio para los integrantes del hogar. Así se puede hablar en su lenguaje y cubrir sus necesidades y expectativas, desde un discurso de ventas, énfasis, recorrido del inmueble hasta la decoración y acabados de la casa piloto, momento adecuado para hablar de precio y alternativas de financiación, entre otros.

Todo el mundo sabe que los armarios empotrados, los baños y la cocina son fundamentales en una vivienda, junto con una buena iluminación y espacios sociales bien distribuidos. Lo que no muchos conocen es quién se fija en cada uno de estos detalles y toma la decisión de compra. Erróneamente, cuando se encuentran ante una pareja de posibles compradores formada por una mujer y un hombre, muchos vendedores se dirigen a este último porque lo asocian tradicionalmente con el proveedor del hogar y, por tanto, creen que es la persona a quien deben «convencer». Sin embargo, olvidan que las mujeres no son meros apéndices de sus parejas y que, en muchos casos, son ellas quienes toman la decisión final de comprar una casa o un piso.

Además, la adquisición de una casa o un piso es una de las cosas más irracionales que he visto en mi vida. ¿Por qué? **Porque apenas se tiene en cuenta nada de lo que implica realmente la vida cotidiana en ese lugar.**

Muchas personas suelen imaginar los momentos en familia y los mensajes que transmitirán a los demás a través de los espacios del hogar, dejando de lado muchos elementos prácticos, mientras que, al mismo tiempo, su pareja pensará qué parte de ese nuevo hogar será «su» lugar, el espacio que, indiscutiblemente, le corresponderá como miembro de la familia.

Vi recientemente un programa de televisión, *The American Garage*, que muestra los garajes más impresionantes de los Estados Unidos. Uno de los hombres que aparecían en él dijo: «Ya que mi esposa y los niños se adueñaron de todos los espacios, pues lo único que me quedó fue apropiarme del garaje. Ahí tengo mi coche, mis herramientas y mi colección de discos para la que, según mi mujer, no hay sitio en ningún otro lado».

¿Se han preguntado por qué una persona de nivel socioeconómico alto quiere tener una cocina de más de 100.000 dólares cuando no cocina y la encargada de ese maravilloso lugar es la empleada doméstica? Es otro ejemplo de irracionalidad cuando se compra o adecúa una vivienda. La respuesta es muy simple: quiere que, cada vez que alguien entre y vea su fabulosa cocina, piense: «Guau, esta persona sí que sabe cocinar».

Se me vienen a la cabeza muchos otros ejemplos, como el santuario del salón o el comedor, grande y bien distribuido, aunque la familia casi nunca se reúna ahí y viva apretadamente en los demás espacios disponibles. Por eso, estemos de acuerdo o no con las variables de toma de decisión de compra, si no conocemos estos detalles, no podremos venderles de manera efectiva a nuestros clientes.

Ni la muerte se escapa a las neuroventas. Vender muerte sí es complicado. Yo no he vendido nada más difícil que seis metros cuadrados para sepultarte a ti o a alguien que amas dentro de unos años. Quizá por eso, los que más nos contratan para hacer capacitaciones privadas en neuroventas son los que ofrecen productos o servicios funerarios.

Ellos están haciendo un gran negocio, pero, como saben que es tan difícil, les interesa aprender nuevas formas de comercializar y han encontrado una verdadera fuente de información y aprendizaje, que ha mejorado su éxito a través de esta ciencia.

Lo primero que hay que entender desde las neuroventas dentro de este negocio es que nadie puede vender muerte; por el contrario, hay que vender vida, tributo y anticipación frente a lo inevitable, es decir, control.

Cuando se vende un producto funerario, hay que comprender que es diferente vender algo para el propio cliente que para sus seres queridos. El proceso cerebral involucrado es distinto, aunque en ambos casos implica, al final, vender vida y tributo.

En caso de ser para el cliente mismo, hay que centrarse en que, si asegura desde antes este espacio, permitirá al resto de la familia continuar su vida sin generar más problemas, y significará una última forma de protegerlos de situaciones difíciles, que involucran trámites molestos y gastos inesperados, además de vulnerabilidad.

Cuando se trata de ofrecer al cliente un producto para un familiar, la estrategia se debe centrar en que, a través de su adquisición, se ofrecerá un digno último tributo a su ser querido.

Además, hay que enfatizar la importancia de prepararse con suficiente anticipación porque cuando llegue el momento estará presionado, no tendrá la libertad de buscar lo mejor y se sentirá mal toda la vida. Así, empieza a tener sentido comprar esos seis metros cuadrados para utilizarlos después, cuando la ocasión lo requiera.

En conclusión, si podemos vender productos funerarios con neuroventas, realmente comerciar con ropa, zapatos, coches, bicicletas o apartamentos es fácil. Cuando uno aprende de las categorías difíciles, se prepara mucho mejor.

Ojo, las neuroventas no hacen milagros y eso es algo que quiero que entiendas bien. Vender requiere otras cosas adicionales, pero las bases y principios que aprenderás a través de este libro serán una de las herramientas más importantes con la que podrás contar a partir de ahora en tu camino al éxito.

Hay gente que lee mis libros o asiste a mis talleres creyendo que de la noche a la mañana le va a cambiar la vida solo porque aprenderá principios de neuroventas, y eso no es cierto. Yo no puedo prometerles eso.

Cuando se trata de neuroventas, lo primero que tienes que entender es que, si tú tienes inseguridades y otras carencias personales, no vas a vender gran cosa. Entonces, lo primero que debes hacer es alinear tu mente con el proceso y, luego, seguir los consejos y principios que te voy a dar para ser un buen vendedor.

En la vida, para ser un vendedor exitoso hay que tener bastantes agallas, ser apasionado y sentirse ganador; no existe un excelente vendedor que no sea un entusiasta y una persona positiva. Tienes que creer en lo que haces y confiar en que alcanzarás tus metas, porque, si no lo haces tú, nadie lo hará. No pienses que vas a leer este libro y al día siguiente vender más. No suele ser tan fácil. Tienes que empezar por revisar tu propia actitud y lo que piensas tanto de ti mismo como de lo que haces.

Por eso en las siguientes páginas te daré algunos consejos y aprovecharé para invitarte a hacer algunas reflexiones, que seguramente te resultarán útiles para alinear tu propia mente antes de empezar a emplear esta ciencia tan poderosa para vender.

## El dinero y la felicidad

En mis talleres y conferencias suelo pedir que levanten la mano quienes creen que el dinero no es muy importante para ser feliz. Te garantizo que ninguno de los que lo hacen es millonario. Toda persona que dice que el dinero no es importante para ser feliz nunca va a ser rico, jamás, en absoluto. Pero cuando eres millonario también debes saber serlo.

Entre ellos hay de todo, como sabemos. Hay algunos que son unos salvajes e imbéciles, pero hay otros que además de ricos son prósperos y transmiten tanta energía que todos los días reciben a cambio alegría y satisfacción.

¿Te imaginas cuán feliz debe ser Bill Gates? ¿Sabes cómo debe ser la vida de ese señor, de su familia, de su esposa? Parece ejemplar. Carlos Slim es una de las personas más ricas del mundo; lo conozco personalmente y te puedo garantizar que su familia tiene una gran energía, prosperidad y felicidad.

Pero es que, además de tener dinero, esos hombres ayudan muchísimo. La fundación que regala más dinero en el mundo es la de Bill y Melinda Gates; se dedica a hacer donaciones para financiar proyectos de desarrollo en todo el mundo, así que, ¿por qué no deberían sentirse felices?

Sin embargo, quizá tú no creas en la bondad como base de la felicidad de estas personas porque, probablemente, tienes la idea preconcebida de que la gente que tiene dinero suele ser mala, que los tipos millonarios son narcotraficantes, que hicieron algo raro o ilegal.

La realidad muestra que, la mayoría de las veces, una persona trabaja como un burro durante más de veinte años y no tiene dinero. Esa manera de pensar es muy común, sobre todo hoy en día, por la frecuencia con que, lamentablemente, a lo largo de la historia se han visto millonarios con fortunas conseguidas de manera ilícita.

Pero es algo que debemos aclarar y en lo que es importante profundizar, por eso te voy a recomendar uno de los libros que más me ha transformado en la vida: se llama *Los secretos de la mente millonaria*, de T. Harv Eker. Este autor habla de algo que es más maravilloso y más grande que el dinero mismo: la prosperidad.

A los tres meses de haber leído este libro, lo primero que descubrí es que yo le tenía miedo al dinero, a pesar de haberlo tenido desde muy joven. Simplemente porque para mí *dinero* significaba malos recuerdos y asociaciones negativas.

Mis padres empezaron a pelear justo en el momento en que más dinero tenían. Fue puntualmente cuando mi padre alcanzó una posición económica especialmente buena y decidió invertir en construir un hipódromo en su país. Todo lo que había ganado lo metió en ese proyecto y un año después había perdido hasta nuestra casa familiar. Entonces, ¿qué significó eso para mí? «El dinero es malo, trae problemas.»

Para empeorar las cosas, vengo de una familia muy católica, mi abuela y mi madre siempre me recitaban versículos de la Biblia, como el que dice que «es más difícil que un rico entre en el reino de Dios», y no sé cuántas cosas más. Lavado de cerebro. Así que ese era yo, una persona que tenía miedo y no quería tener dinero, hasta que encontré ese libro, que es un *best seller* absoluto.

El autor era vendedor de artículos para deporte y estaba cansado de no tener dinero. Así que un día se le ocurrió que, cuando su cliente más rico entrara en la tienda para comprar sus palos de golf, le iba a hacer una sola pregunta: ¿cuál es su mejor consejo para hacerme millonario? El hombre le respondió: «Investiga y descubre cómo pensamos los millonarios y, al hacerlo, te convertirás en uno de nosotros».

Empezó a hacer sus pesquisas, escribió el texto y ahora es tetramillonario. Es uno de los libros más exitosos en los Estados Unidos, y estoy seguro de que sería una terapia mental para todos aquellos que dicen que el dinero no es importante y por eso no lo tienen.

En el mundo de las neuroventas hay un principio aparentemente lógico, pero que en realidad escapa a muchos, y es que, si tú no entiendes que quieres tener dinero, entonces

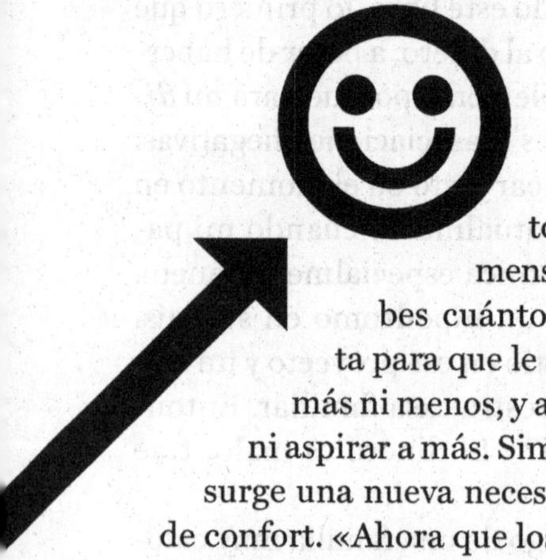

¿para qué vendes? Y eso es increíble, yo lo he visto en muchos equipos de ventas.

Un tipo hace su presupuesto y dice: «Necesito 3.000 dólares mensuales para estar tranquilo». ¿Sabes cuánto vende? La proporción perfecta para que le salgan 2.800 o 3.200 dólares, ni más ni menos, y así está diez años, sin proyectarse ni aspirar a más. Simplemente se acomoda hasta que surge una nueva necesidad que lo aleja de su posición de confort. «Ahora que los niños van a la universidad, necesito 5.000 dólares mensuales» y, sorprendentemente, unos meses después vende para ganar entre 4.800 y 5.200 dólares.

Por qué no te sientas y dices: «Estoy sacando 4.000 dólares, pero este año voy a ganarme 15.000 dólares todos los meses». ¿Por qué? Sencillamente porque tienes miedo y porque aseguras que no necesitas dinero para ser feliz, entonces para qué tenerlo.

No tienes por qué esconderte detrás de lo mínimo o lo que ya tienes bajo control. Atrévete a más. Lo que debe evitar cualquier vendedor es buscar, y peor aún, encontrar una zona de confort donde se limite y no explote realmente su potencial. Esto no solo te hará crecer económicamente, sino que te aportará motivación y ganas de levantarte cada día con ánimo para seguir adelante.

Este es uno de los mejores consejos para cuando se sabe cómo funciona la mente humana: declara lo que quieres, créelo de verdad y tu cerebro se acoplará; se moldea, es como una plastilina, es un instrumento poderosísimo para entregarte lo que tú realmente quieres.

Si tu cerebro está bloqueado para la prosperidad, el éxito

y el dinero, no vas a encontrar nunca lo que buscas. ¡Sueña, ten aspiraciones, ponte nuevas metas! No me vayas a echar la culpa después a mí de que esto no funciona porque sí lo hace, pero como te expliqué anteriormente: todo depende de ti.

Este método ha dado resultados en mi vida y en la de miles de personas que he capacitado a medida que hemos roto con nuestros pensamientos y paradigmas negativos aprendiendo a mirar hacia delante.

¿Me creerías si te digo que los judíos son uno de los grupos humanos que se han visto obligados a aprender que el dinero puede comprar la vida de una persona? ¿Has visto la película *La lista de Schindler*? Es un tratado para entender que, después de vivir perseguidos durante miles de años, los judíos habían aprendido que tener dinero o un pedazo de oro bajo el colchón puede ser la diferencia entre la vida y la muerte.

En un momento de su historia, un hombre judío podía salvar del crematorio a sus hijos, a sus padres o a su esposa dependiendo del tamaño de la pieza de oro que poseyera. Por tanto, no extraña que acumulen dinero.

Ellos han aprendido a darle un valor de vida al dinero a través de acontecimientos traumáticos que pocas culturas han vivido, pero se transformaron en todo un ejemplo que trasciende a través de las generaciones.

Tienes que cambiar tu mentalidad, porque lamentablemente los españoles y los latinoamericanos pertenecemos a una de las culturas más castrantes y temerosas respecto a la prosperidad y el dinero. Esto se debe a diferentes factores, como la distribución desigual de recursos que nos lleva a pensar que cualquier cosa es ganancia dentro de la injusticia social que hemos padecido, y a nuestras creencias religiosas tan arraigadas, donde se alaba la pobreza y se juzga la riqueza.

Por eso, estoy seguro de que ninguno de nosotros se escapó de la típica historia en la que, de pequeño, tu padre te llevaba en un coche viejo de diez o doce años, y al lado tuyo, en el semáforo, se paraba un deportivo último modelo, divino. Tu padre te miraba y decía: «Qué habrá hecho ese para tener semejante coche, seguro que es un corrupto o un traficante».

Así somos los latinoamericanos y los españoles, lamentablemente llenos de complejos. Si eso pasara en Estados Unidos o en el ámbito anglosajón, el padre habría dicho: «Debe ser un jugador de fútbol o baloncesto, algún día voy a tener ese pedazo de coche».

El estadounidense lo dice porque no está acomplejado, porque a él le han hecho creer toda la vida que sí puede, mientras que a nosotros nos han hecho creer lo contrario. Tienes que cambiarte el chip, decir «yo sí puedo» y creértelo. Este es el mejor consejo del libro, porque puede transformar tu vida, más allá de las neuroventas. Realiza cursos gratis de motivación en BiiA Lab Foundation (www.biialab.org).

### ¿Los grandes vendedores nacen o se hacen?

Esa es la típica pregunta que nos hacemos todos los que estamos en este negocio. Yo creo que se hacen, pero hay algunas cosas con las que los seres humanos venimos al mundo que pueden facilitar o complicar el tema.

Por ejemplo, por lo general nacemos sociables, introvertidos o extrovertidos, pero por la psicología sabemos que el ambiente en el que nos desarrollamos es determinante para que estas habilidades se manifiesten o no.

De hecho, algunas de nuestras características aparentemente negativas para ser vendedores exitosos no tienen por qué afectar negativamente nuestro trabajo cuando aprendemos a canalizarlas.

Yo, por ejemplo, era introvertido cuando era joven, pero dejaba de serlo en los momentos en que vendía. La experiencia y el amor por mi trabajo me han llegado tan hondo que me han transformado y hoy me considero extrovertido.

Pero esto de ser introvertido les sucede a muchas personas, incluso a los mejores actores de Hollywood. Tú los conoces en la vida real y ni hablan. Pero cuando se meten en el papel que encarnan se convierten y se vuelven unos actorazos. Entonces, ¿por qué no te puede suceder a ti también, en caso de que seas una persona introvertida?

Si analizas que de alguna forma tu papel de vendedor también requiere toda una transformación de tu parte, tienes frente a ti todas las posibilidades de triunfar si sientes verdadera pasión por lo que haces.

Es muy poca la gente que se siente orgullosa de ser introvertida. Tú le dices a alguien: «Eres introvertido», y te responde: «Nooo, por qué, nada que ver», y si lo admite, lo hace con gran vergüenza e incomodidad, como si fuera casi un pecado.

En realidad, no tiene nada de malo ser introvertido, pero es un hecho que los buenos vendedores tienen que ser extrovertidos, por lo menos en el proceso. Deben ser personas que dominan la palabra, que saben la forma de conectar con la gente y volverse bastante abiertos cuando están vendiendo.

Si después llegan a su casa y quieren volver a ser introvertidos, eso ya es asunto suyo, aunque en muchos casos, como el mío, la experiencia puede llegar a hacer mucho más abierta a la persona, incluso en su vida personal.

Pero así como la pasión y la experiencia nos pueden ayudar a sacar lo mejor de nosotros como vendedores, hay cosas que nos suceden y personas que nos rodean que pueden matar nuestras habilidades innatas o adquiridas.

Si yo hubiese vivido solamente con mi padre, creo que no estaría vendiendo, es más que seguro que no me gustarían las ventas. Él era doctor y nunca vendió nada, solamente compraba. Pero gracias a mi madre se potenció esa parte de mí.

Sea cual sea tu historia, debes aprender a escapar de la posibilidad de poner en riesgo las habilidades que ya tienes y las que vayas desarrollando, para lo cual debes blindarte, bloqueando el efecto negativo de ciertas situaciones o personas que te pueden hacer dudar de ti o de tus pasiones. Debes fortalecer tu optimismo, tu tolerancia a la frustración y no dejarte afectar por los fracasos, sino aprender de cada cosa para ser mejor.

Aceptando que nacemos con algunas condiciones innatas para ser buenos vendedores, está demostrado que estas ni siquiera abarcan un 20 por ciento, mientras que el resto es un 50 por ciento de querer serlo y un 30 por ciento de capacitarte, aprender y desarrollar nuevas habilidades.

Las ventas antes eran una técnica y ahora se están convirtiendo en una ciencia, cuyo objetivo es poder integrar todos los elementos de manera estratégica a través de estudios bien estructurados que nos aportan información poderosa y principios de neuropedagogía para que tú puedas vender, lograr y disfrutar más.

## Innovación y valor añadido

Los vendedores debemos ser los seres humanos más innovadores del planeta. ¿Sabes por qué? Obviamente porque, si no ideamos una estrategia nueva o ajustamos la existente cada vez que alguien dice que no quiere nuestro producto, estamos perdidos. Yo diría que llegamos incluso a innovar varias veces en un mismo día, ya sea porque estamos perfeccionando una estrategia que nos está resultando muy efectiva o porque las cosas no están saliendo como esperábamos.

Supongamos, por ejemplo, que dentro de tu programación

de trabajo para hoy tienes como objetivo atender a cuatro clientes y todos te dan con la puerta en las narices; la única forma de poder salir a vender mañana con la seguridad de que esto no vuelva a suceder es que te cuestiones: ¿qué diablos dije, qué provoqué, en qué momento se desconectaron y qué debo cambiar de mi actitud y mi discurso para que me compren?

Ese es el proceso de innovación más constante y poderoso que puede tener un ser humano: reflexión inmediata en tiempo real, quince minutos después de que te digan «no», convertir un error o un resultado negativo en una oportunidad. En el mundo de las ventas, como sucede en muchas cosas en la vida, solemos aprender más de los fracasos que de los aciertos. Así fue mi vida y es la realidad de todo gran vendedor: aprender a fuerza de portazos y de que te cuelguen el teléfono.

Pero no solo somos los más innovadores, sino también los más apasionados. La combinación de estos dos elementos es la clave para el éxito, ya que

**la pasión es el motor de la innovación,**

nos da la perseverancia y la motivación para desarrollar mejores estrategias sin desfallecer, como lo han demostrado las neuroventas a través de diferentes estudios.

Debemos entender qué es innovación. Algunos creen que es hacer las cosas muy «creativas y diferentes». No es así, he visto quebrar cientos de empresas por andar dando palos de ciego con estrategias no solo raras, sino fuera de lugar, haciéndose los «creativos y diferentes». Para mí, para mi equipo y para la gente que me sigue hoy, *innovación* significa ofrecer valor añadido a las personas a través de los productos y servicios que les vendemos.

¿Tú crees que Steve Jobs nos generó valor? ¡Él nos cambió la vida! Gracias a Jobs y su innovación del iPod, por ejemplo, escuchamos entre un 40 y un 50 por ciento más de música al día. Te cuento que una persona que experimenta ese incremento es un 17 por ciento más feliz. O sea que Jobs nos hizo más dichosos.

Yo ya no escuchaba música, pero gracias a Steve Jobs y a mi iPod empecé a escuchar canciones con más frecuencia y eso me transformó, me hizo una persona más alegre. Además, nunca me gustó bailar, pero después de eso aprendí un poquito. No voy a decir que soy un gran bailarín, pero ahora puedo hacerlo y me gusta.

Por otra parte, ¿crees que tener un teléfono que te resuelve el 80 por ciento de tus problemas del día y que lleva dentro tu vida, tu música, tus fotos, tus archivos, todo, no es cambiar la vida? No sé qué nos pudo cambiar más la vida que el iPhone en los últimos diez años. No dejo de reconocer que se requiere un manejo responsable de este tipo de tecnología para que no te genere algunos problemas, como, por ejemplo, desconectarte de los demás, pero definitivamente es una herramienta muy útil cuando es bien administrada.

La innovación nos mejora la vida y ese es nuestro verdadero negocio como vendedores: modificarle la vida a nuestros consumidores. Tú me vas a decir: «Espera, ¿cómo voy a cambiarle la vida a un cliente vendiéndole, por ejemplo, comida para perros?». Voy a contarte una historia real de neuroventas en México que es increíble. Yo descubrí que la gente que ama a los perros, en realidad, a nivel simbólico, no tiene perros. Tiene a *Lucas*, *Bobby* o *Sally*, que son sus hijos, no simplemente sus canes. Hace diez años, los comerciales siempre decían cosas como esta: «Si tú quieres que tu mascota sea un campeón, compra la croqueta tal, el alimento para los perros campeones».

Si yo no tengo un perro, sino a *Bobby*, más conocido como «hijito», «bebé» o «bonito», ¿de qué me estás hablando? Les expliqué a los dueños de una reconocida marca de alimentos para mascotas que la mayoría de la gente ama tanto a su perro que lo considera un miembro más de la familia. Por eso, probablemente cada vez que compran comida para perro se sienten mal. Pensarán: «Ay, qué pena darle a *Bobby* croquetas, a mí me encantaría darle un bistec o un buen entrecot, como a los demás miembros de la familia». La conclusión fue que teníamos que mostrar y comunicar que nosotros no vendíamos alimento para perros, sino comida especial para *Bobby*, que es una persona para sus dueños.

Lo que hicimos fue cambiar los elementos del envase, desarrollando componentes gráficos basados en productos de consumo humano, para lo que nos basamos en la caja de unos cereales de Kellog's, llamados Frosties en Europa y Zucaritas en Hispanoamérica.

El resultado fue en verdad sorprendente, porque demostramos que la marca sabía y reconocía que el cliente no tenía a un simple perro, sino a *Bobby*, ese ser especial que lo acompañaba y que merecía lo mejor, con lo que las ventas subieron un 22 por ciento.

Algunos años después, las demás empresas de comida para perros empezaron a hacer lo mismo, no sé si fue porque establecieron científicamente su efecto o simplemente se copiaron, pero, si te fijas, muchos de los envases de alimentos caninos parecen hoy comida para humanos.

Eso es neuroventas, entender profundamente cómo desarrollar valor añadido en los productos para cubrir mejor las necesidades de la gente, lo que requiere aprender a conocer a nuestros clientes y saber comunicarnos con ellos, ya que muchas veces conectarse no depende solo del producto, sino de la comunicación que establecemos como vendedores.

¿Tú crees que humanizar la comida para perros ayuda en algo a la vida de las personas que aman profundamente a su perro? ¡Por supuesto que sí! Sentirán que le están ofreciendo algo especialmente elaborado para su amada mascota, lo que abrirá su mente para fijarse en otras bondades del producto para cuidar la salud de *Bobby*. Pero, más allá de todo esto, el gran valor aportado es que la marca se ha puesto del lado del consumidor en algo que lo hace realmente feliz.

Hay algunas cosas increíbles. Por ejemplo, comercializar automóviles. ¡Tú le cambias la vida a una familia cuando le vendes un coche! Hace que todos se unan, que salgan más, que vayan de pícnic al campo y que respiren aire más puro.

### No existe mejor regalo para algunas mujeres que un par de zapatos.

Es gracioso que durante mucho tiempo no se haya sabido por qué, pero con neuroventas hemos podido descubrirlo. La frase más poderosa para vender es: «Estos zapatos te harán sentir...». Llénalo con la palabra que ella quiera y tendrás la venta asegurada.

No sé si lo sabes, pero a algunas mujeres, y lo pongo únicamente como ejemplo, cada calzado las hace sentirse diferentes. ¿Cómo funciona eso? Los zapatos forman parte del lenguaje de la mujer, por lo que, más que elegirlos por su estética o comodidad, los compran por lo que les transmiten: «Estos zapatos me hacen sentir relajada; estos otros, atractiva; estos, interesante; estos, competente; estos, profesional...».

¿Sabes qué pasa en ese momento en su cerebro? Le dice: **«Yo necesito todos esos zapatos»**. Probablemente esto no lo entenderán muchas personas, que pueden tener solo cuatro pares, todos iguales, sin ningún problema. Simplemente tales personas se sienten igual de mal o de maravillosas con sus cuatro pares de zapatos.

La explicación es bastante sencilla: todos los días, esas mujeres que se sienten diferentes con calzados distintos son diferentes mujeres.

Hoy se sienten las mejores esposas y mañana, las peores. Anteayer se sentían las mejores hijas y hoy, las peores. Un día se sienten las más hermosas y, al siguiente, las más feas. En esto influye, entre otros factores, el ciclo hormonal femenino, que dura veintiocho días. El estrógeno y la progesterona están vinculados a las órdenes cerebrales e influyen en la toma de decisiones. Por eso sus sensaciones varían y se sienten tantas mujeres distintas en esos días. Los hombres, como no experimentamos estos cambios en nuestro organismo, podemos parecer más estables.

Las mujeres son, en mi opinión, más cambiantes que los hombres. Por ejemplo, llevan el pelo cortito, después se lo tiñen de rojo, luego se lo dejan largo y más tarde deciden teñírselo de negro. Por eso es tan importante dominar las neuroventas para poder venderles en cada cambio.

En general, una mujer nunca manda a alguien a comprar su calzado. Cuando llega a una zapatería, podría creer que quiere un modelo en concreto, pero yo también puedo venderle este y aquel, por lo que termina gastándose el triple del dinero que tenía ahorrado para comprar solo un par. Entonces, puedes aprovechar este conocimiento para venderle lo que quiere y también generarle valor, explicándole que puede ser como quiera a través de esos zapatos. Y tanto da que sean mujeres como hombres, o ropa en lugar de zapatos.

Ante todo, un buen vendedor siempre es alguien que sirve a los demás, pero ahora también somos psicólogos, antropólogos y neurocientíficos de las ventas.

# ¿Tú generas valor a tus clientes?

**Realmente pregúntatelo. ¿O solo les vendes algo?** ¿Qué haces para crear valor? En serio, no importa qué vendes. No interesa si ofreces reciclaje de basura, si eres abogado, si vendes coches, casas, ropa, servicios de consultoría, asesoría en recursos humanos o lo que sea. En lo que coincidimos todos los vendedores es en que solamente tenemos un negocio: generar valor añadido. Todo gran vendedor lo hace, pregúntate en qué grado lo estás haciendo.

## Innovación forzosa

**¿Cuándo nace la necesidad real de innovar?** Lamentablemente suele empezar cuando ya estás metido en un problema, cuando estás viendo que no te va a llegar el dinero para pagar el alquiler y tu pareja te va a dar una patada en el trasero. Cuando estás hasta el cuello, tu cerebro dice que tienes que pensar en algo diferente. Cuando estamos siendo afectados, minimizados y amenazados por agentes externos, descubrimos que la única forma de sobrevivir es innovar y transformarnos.

La historia del Happy Meal, o Cajita Feliz en Hispanoamérica, de McDonald's es un claro ejemplo de ello. Todo empezó a principios de los setenta en Guatemala, cuando la propietaria de uno de los restaurantes de la cadena, la señora Yolanda Fernández de Cofiño, como buena madre, estaba desesperada porque se daba cuenta de que los niños casi no comían cuando iban a su establecimiento, complicando la experiencia de padres e hijos.

Por supuesto que no era un problema del restaurante. Lo que pasa es que los niños de entre cinco y nueve años son reacios a comer. No es solo tu hijo ni es culpa tuya que esto suceda, es porque su mente le está diciendo que es el momento de correr y no de comer.

Su cerebro le dice: «Si comes, no corres, así que, si quieres correr, entonces no comas». La mejor forma de que un niño se alimente a esa edad es darle comida que pueda comer mientras está trotando. No es casualidad que las comidas que más les gustan a los niños sean la pizza, los *nuggets* y las patatas fritas, simplemente porque no limitan su movimiento.

Con este descubrimiento, hemos desarrollado una docena de productos para comer corriendo, como una bolsa de batido de leche y cacao, que el niño puede llevar colgada en la boca, así bebe y monta en bicicleta al mismo tiempo.

Pero como nadie nos enseña cómo funciona la mente humana, ahí estamos todo el día; castigándonos y creyendo que no somos buenos padres porque nuestro hijo no come.

Entonces, de vuelta a la historia, fue una brillante innovación de la señora De Cofiño ofrecer un nuevo producto especialmente pensado para los niños: el menú Ronald. Una hamburguesa, patatas fritas y helado *sundae* en porciones justo a la medida de los niños, que además de ayudar a que se acabaran toda la comida permitían que se fueran pronto a jugar.

Al lograr aumentar sus ventas un 30 por ciento, la innovación de la señora De Cofiño inspiró al responsable de publicidad de McDonald's, Dick Brams, para desafiar a sus agencias de publicidad con esta simple idea: ¿por qué no crear un menú justo para niños? El publicista Bob Bernstein propuso entonces que «los niños quieren hacer algo mientras comen». Después de observar que su hijo desayunaba completamente entretenido con los juegos impresos en la caja de cereales, sugirió empaquetar el menú infantil en una caja llamativa e incluir dentro algún pequeño juguetito.

La popular cajita de McDonald's, nacida en 1979, ha permitido que los padres digan: «Primero te comes toda la comida, luego puedes abrir el juguete», e incluso, «si te portas bien, puedes ir a los juegos».

Muchos padres incluso permiten que sus hijos abran desde el inicio el juguete, con el cual se distraen y se quedan un poco más tranquilos mientras comen. Así, se volvió un instrumento poderosísimo para que los niños coman, y después se extendió a toda la cadena en el mundo.

Siempre he dicho que la innovación de McDonald's no ha sido el Happy Meal o Cajita Feliz y nada más. En realidad fue el mejor cómplice para lograr que los niños coman, y por eso la marca se volvió popular entre los niños y sigue siéndolo.

Lamentablemente, las mejores innovaciones en el mundo se hacen para la guerra. Por eso, el país más innovador del mundo es Estados Unidos, que a la vez es el más bélico. Además de muy feas consecuencias, las guerras han dejado grandes avances como el café instantáneo, la cámara de vídeo portátil, internet, la comida deshidratada y muchas otras cosas más.

Por ejemplo, el casco que nosotros utilizamos para ver la reacción que provocan diferentes estímulos en la mente humana fue creado para la guerra de Irak. Además de su precisión, es el único que se ha demostrado que sirve para registrar la actividad cerebral bajo situaciones en las que el individuo se mueve libremente, sin afectar sus registros, como sucede con los equipos tradicionales. Durante años no lo quisieron vender al sector privado porque estaba hecho para fines bélicos, pero, cuando se acabó el conflicto, la empresa dueña de la patente estaba pasando por un momento difícil y nos lo vendió. Hoy ese aparato ha cambiado la realidad de muchas empresas porque, gracias a nuestros estudios, han podido desarrollar mejores estrategias de innovación realmente efectivas que aumentan su éxito.

Si tú no has sido innovador es porque te ha ido demasiado bien en la vida. Eso es algo que me preocupa, porque como ya te había mencionado, independientemente de tu situación, tienes que pensar cada día en ser mejor. Entonces, como hoy ya vendes mucho, ¿no piensas en la innovación? Eso definitivamente no está bien.

Es muy raro el que dice: «Yo voy a mejorar mi forma de vender». Lo común es que, si te va bien, eres buen vendedor, ganas 6.000 dólares al mes y con eso tienes para mantener a tu familia, sueles creer que no necesitas más. Pero la innovación no debe parar ni estar sujeta a las nuevas necesidades que surjan, sino a la pasión y las ganas de ser cada día mejores.

Yo me duermo y me despierto pensando en innovación. Todo el día pienso en cómo innovar para enamorar más a mi esposa, para conquistar más a unos hijos adolescentes que cada vez se interesan menos por su padre, para hacer que mis empleados estén más satisfechos y, por supuesto, para hacer que mis clientes sean empresas y personas más prósperas a través de mi trabajo.

La innovación sirve para todo, para que tú seas feliz y para hacer dichosa a mucha gente, porque es un proceso de generación de valor.

## ¿Qué me motivó a escribir este libro?

«Es muy grato descubrir la ciencia de mi propio éxito.» Eso dijo Hugo Jiménez, un vendedor inmobiliario de México, después de asistir a uno de mis talleres de neuroventas. Él contaba que siempre había sido un buen vendedor y no tenía la menor idea de por qué lo era. «Disfruté mucho de tu conferencia porque descubrí por qué tengo éxito.»

El caso anterior ilustra parte de mis motivos para escribir este libro. El primero es que, si tú no estás haciendo las cosas que explico, quiero que a partir de ahora las hagas y verás cómo consigues grandes resultados. El segundo es que, si tú ya seguías intuitivamente estas estrategias, será muy valioso para ti descubrir científicamente por qué eres tan bueno. Quien conoce las bases científicas del éxito en el mundo de las ventas puede llegar más lejos porque amplía su mundo de posibilidades para aumentar sus ventas, para pulir e idear nuevas estrategias.

Que quede bien claro: **¿qué quiero lograr al brindarte la información contenida en este libro de neuroventas?** Muy simple, estas cinco cosas:

#1 **Quiero que seas un vendedor más productivo y efectivo al enseñarte a desarrollar o explotar tu potencial.** Voy a hacer de ti un innovador, pero debes practicarlo como un deporte para así lograr pulir tus habilidades y estrategias.

#2 **Quiero que hagas amigos en las ventas para luego hacer ventas con los amigos.** Los mejores negocios se hacen con los mejores amigos. Quisiera saber quién dijo por primera vez que con los amigos no se hacen negocios. Yo le diría: «Es que tú no sabes hacer buenos negocios y por eso prefieres dejar de hacerlos con amigos».

Quien sabe hacer negocios, quien sabe ganar y ganar, puede entender que los mejores negocios no se hacen con desconocidos. Por eso, quienes tenemos muchos amigos siempre hacemos buenos negocios.

En este libro te voy a enseñar la importancia y la forma de hacer amigos en el mundo de las ventas y, por supuesto, a mantenerlos. Voy a repetirte constantemente que, si tú no sabes forjar valor a tus amigos, ellos nunca harán nada por ti, y que tu propia generación de valor, independientemente de lo que vendas, es ofrecer amistad a tus clientes.

Debes comenzar de inmediato con la eliminación de otro maldito paradigma y entender de una vez que los verdaderos negocios se hacen entre amigos. Y si te cabe alguna duda, pregunta a los millonarios con quiénes hacen sus mejores tratos.

#3 **Quiero que aprendas a desgastarte menos y producir más a través de la implementación de los principios básicos de las neuroventas.** Cuando alguien sabe cómo funciona la mente humana y cómo aprovechar ese conocimiento a su favor, siempre hay menor desgaste.

Si para vender un coche tienes que hacer ochenta llamadas y tardas cuatro o cinco meses, el deterioro es brutal, cuando es posible hacer el mismo negocio hablando con cinco personas en tres semanas.

Para eso sirven las neuroventas, para que vendas mejor, más rápido y sin agotarte, de tal manera que puedas invertir ese tiempo en conseguir más clientes y alcanzar metas más altas.

#4 **Quiero que te prepares para frustrarte menos y disfrutar más. Hay un momento en que esto se suele poner tan difícil que ya no gozamos con nuestro trabajo.** Si una persona no se divierte vendiendo, entonces mejor que no se dedique a esto. En la vida, nunca hagas algo que no te divierta.

Una de las mejores enseñanzas que se les puede dar a los hijos es que hagan lo que realmente quieran, para que sean felices, se diviertan un montón y lo hagan con mucha pasión.

Si lo que les gusta es fregar el suelo, que lo hagan, muertos de risa y bailando, lo van a hacer tan bien que lo más probable es que después vayan a tener una exitosa empresa de limpieza.

Pero eso es lo que a veces no nos enseñan. Si has perdido la pasión por lo que haces, es hora de trabajar en eso, recuperando esa motivación que hace de tu trabajo algo exitoso.

#5 **Quiero que jamás olvides que debes sentirte orgulloso de ser vendedor o vendedora, solo ten cuidado con el manejo de la palabra.** Es algo que he descubierto y es lamentable. A la mayoría en este sector le da vergüenza ser vendedores.

Yo entrevisto a personas que, al preguntarles si se dedican a las ventas, responden: «No, yo soy experto comercial», o «asesora en ventas». Y te das cuenta, por cómo te responde, de que no está orgulloso de dedicarse a vender.

Me gustaría saber cuántos vendedores van a un cóctel con gente muy elegante y dicen realmente a qué se dedican. Por ahí vamos mal.

Hay tantos vendedores que nos dejan mal, y muchas veces a nosotros mismos nos da tanta vergüenza, que hemos tipificado nuestro propio sector de manera negativa. Cuando sepas de neuroventas verás cómo ser vendedor o vendedora te dignificará ante ti y, por tanto, ante los demás. Podrás hablar menos y venderás más.

Veamos un buen ejemplo para mostrar el efecto de la forma en que hablas de tu trabajo. Va un niño de siete años y le pregunta a su padre en qué trabaja. Como está tan limitado en su forma de explicarlo, responde simplemente cosas como «Soy vendedor de seguros», en vez de decir algo más claro y motivante para ambos, como «Vendo seguros, hijito, soy un experto en ayudar a la gente a proteger cosas como su casa de un incendio o de un robo y también su coche de un choque».

El día que él diga eso, para su hijo se vuelve Superman.

**Algo que debes entender es que**

**si tu familia se siente orgullosa de ti, se eleva tu autoestima y te sientes más seguro, pero**

**depende de ti que aprecien el valor de lo que haces,**

a través de tus actitudes y tu posición frente a tu trabajo, en este caso. Dedicarte a las ventas es una de las labores más bonitas, siempre y cuando tu meta sea proteger y servir al cliente.

Pero si solo le dices «vendedor», el niño no lo entiende. Después va al colegio, le preguntan a qué se dedica su padre y más de un compañero empieza a reírse y a burlarse, haciéndole sentirse avergonzado. Lamentablemente es por nuestra culpa, porque no sabemos explicarlo.

Y es verdad: un vendedor de seguros se dedica a proteger los bienes más importantes de una familia; labor más digna no hay. Pero como en el mundo de las ventas no solemos saber qué hacemos y por qué lo hacemos, la triste realidad es que, tras veinte años trabajando como agentes de seguros, nuestros hijos no quieren seguir nuestros pasos. «¿Vender seguros, papá? Olvídalo, yo quiero ser médico.» Nunca supimos inculcárselo desde pequeños, a pesar de su gran valor.

# En realidad **nadie olvida** y siempre regresa con un **buen vendedor.**

Nosotros a veces no nos acordamos de todos los clientes porque son muchos, pero ellos nunca olvidan a alguien que fue bueno y generó valor en sus vidas. ¿Cuántas veces recordamos compartir estos triunfos como vendedores con nuestra familia? Ellos no solo aprecian el dinero que llevamos a casa, sino también el valor simbólico de lo que hacemos.

# I

# LAS NEUROVENTAS FRENTE A LAS VENTAS TRADICIONALES

## Los capacitadores desactualizados

La capacitación tradicional de los vendedores en casi todo el mundo es mecánica y lo que hace es volverte un robot, así de claro. En el momento en que tú entrenas así a un ser humano, matas la esencia, el carisma y la emocionalidad que debe tener como vendedor.

Claro que es importante enseñar un poquito de técnica mecánica porque aporta algún que otro consejo válido y además no falta algún salvaje en el mundo que necesita saber cuáles son las reglas básicas del juego, cuando su instinto de vendedor no lo guía para nada.

Sin embargo, hay que tener mucho cuidado, no se debe tratar de inculcar exclusivamente elementos mecánicos, ni pasarse al otro extremo de fundamentarse solamente en aspectos emocionales. En cualquiera de los dos casos, lo más probable es que matemos su esencia de vendedores o que, por lo menos, la afectemos de manera importante.

Entre los pilares de las técnicas tradicionales encontramos que incluso enseñan qué y cómo decir a través de algunas oraciones típicas. Por eso es frecuente escuchar a los capacitadores afirmar cosas como «La frase que más nos sirve a nosotros para vender un coche es esta...».

Pero la realidad es que uno tiene que aprender la ciencia de elaborar el discurso, no repetir una expresión como un loro. De repente, yo puedo decirles como ejemplo alguna frase que les puede resultar útil, pero jamás promoveré enseñar recetas, sino los criterios de neuroventas.

No quiero que el vendedor de zapatos diga exactamente lo que yo puse en mi libro. Mi idea es que entienda, siguiendo con el ejemplo de las mujeres y los zapatos, que algunas de ellas se sienten de distinta manera con el calzado en distintos momentos, y eso le ayudará a expresarse. Por eso, sabe que tiene que preguntarle cómo quiere sentirse en sus nuevos zapatos y para qué momento especial los quiere, de tal manera que pueda determinar cuáles le ofrece.

Yo no quiero volverte un robot, te voy a dar los principios de neuroventas para que tú construyas las frases que se ajusten mejor a cada caso que se te presente. Si yo solo diera enunciados, sería un fracaso porque todos los vendedores se enfrentan a situaciones diferentes y es imposible que se ajusten siempre. Lo que voy a enseñarte son los criterios, las estructuras y los elementos para que tú construyas tu propia comunicación y sea efectiva en tu contexto.

Otra cosa que incluyen en la capacitación tradicional de los equipos de ventas es cómo crear y explotar una base de datos. Muchos lo hacen al pie de la letra, pero la triste realidad es que por eso mismo terminan haciéndolo muy mecánico y resulta evidente que están soltando un discurso aprendido y lejano, que termina por afectar su conexión con los futuros clientes.

De igual manera, enseñan algunas técnicas para conseguir citas, pero la verdad es que estas no les van a servir de mucho, porque el hecho de que le hayan funcionado a algún gurú de las ventas no significa que les valgan a los demás, y menos a quien apenas está empezando. Lo peor es que jamás te dicen por qué se supone que esas técnicas deberían funcionar, ese es el problema. El éxito no es saber qué decir o qué hacer, sino por qué decir o hacer algo; esa es la estructura y el modelo de las neuroventas.

En los casos más avanzados, enseñan programación neurolingüística basada en principios generales cuya funcionalidad no ha sido demostrada en el mundo de las ventas. De ahí que ni siquiera los grandes genios y las mejores academias de esta disciplina hayan podido demostrar sus teorías de forma científica dentro de nuestro campo.

Yo creo absolutamente en la programación neurolingüística: es una excelente herramienta para la capacitación en ventas. La recomendaría porque, al enfocarse en modificar patrones mentales, puede aportar muchísimo a la vida y al éxito de un vendedor.

Pero no hay que olvidarse de un pequeño detalle: como no está comprobada la manera en que influye en el complejo e intrincado mundo de las ventas, puede hacerse uso solamente de principios generales, pero queda el sinsabor de no alcanzar todos los objetivos fundamentales.

En términos generales, debemos admitir que todos venimos de una educación fundamentada en lo tradicional, en la que aprendimos repitiendo lo que nos decían. Nos machacaban el abecé de las cosas y luego nos dábamos cuenta de que no había un abecé de nada y quedábamos literalmente en el aire, sin bases.

Hoy es más poderoso educar a la gente de forma orgánica, lo que consiste en no decirle qué hacer ni qué decir, sino simplemente explicarles el modelo para que ellos puedan entenderlo y transformarlo de acuerdo a su realidad.

No existen fórmulas mágicas de neuroventas, lo que existen son bases y principios que te ayudan a adaptarte a cualquier cultura, categoría y situación, logrando el éxito en tu trabajo.

Un ejemplo seguramente muy claro para todos es el efecto de las capacitaciones de ventas en McDonald's. Como resultado de su trayectoria, la marca ha desarrollado una cartilla que contiene todo lo que debe decir y hacer exactamente un vendedor de esta cadena de restaurantes frente a una serie de situaciones frecuentes con los clientes.

El día que los sacan de ese papel, cuando pasa algo fuera de lo normal, se empiezan a mirar entre ellos y no saben cómo solucionar el problema, tienen que preguntar a un superior para resolverlo porque la gente pierde criterio, capacidad de reacción y creatividad cuando es mecánica.

Los vendedores no pueden ser capacitados de forma mecánica porque siempre va a haber alguna situación inesperada que los va a sacar de aquellos contextos donde las instrucciones que les han dado funcionan sin problema.

En la cadena Starbucks adiestran a sus vendedores de forma mecánica en unas pocas cosas, sobre todo en la preparación de las bebidas, pero el gran concepto de capacitación es orgánico. Le dicen a cada empleado: «De ahora en adelante, tú tienes una sola misión en Starbucks: ser el mejor vecino del barrio».

Yo te pregunto: ¿qué hace el mejor vecino del barrio si te ve por la mañana? Te saluda amablemente, sabe tu nombre, muestra interés por saber lo que te gusta, es hospitalario, servicial, alguien que te hace sentir único e importante, sin esperar nada a cambio. ¡Qué maravilla! Le implantaron algo al cerebro de esos chicos, que apenas se estarán graduando en la universidad, pero ya han adquirido una primera experiencia valiosa: el efecto positivo de generar valor para los demás a través de su trabajo.

Claro que, si el joven vendedor no sabe qué es ser el mejor vecino del barrio, simplemente no se adaptará y no entenderá lo que se espera de él, por lo que seguramente lo tendrán que despedir, aunque normalmente cualquier ser humano debería saber qué es ser buen vecino y poder asumir esta actitud con cierta facilidad.

Así funcionan las neuroventas: tenemos el objetivo de poner a tu alcance las estructuras, para que al entenderlas puedas adaptar tú mismo los contenidos de forma estratégica.

## ¿Son las neuroventas una ciencia?

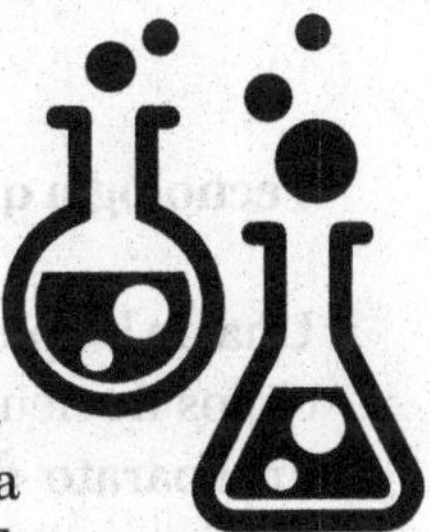

Las neuroventas son consideradas una ciencia porque sus conocimientos están fundamentados a partir de hallazgos obtenidos a través de estudios objetivos, siguiendo principios metodológicos sistemáticos. Durante años han permitido llegar no solo a información verdaderamente confiable, sino a una plataforma de principios y postulados que le son propias y no genéricas a otras disciplinas.

Gracias a las neuroventas, lo que al principio fueron solo hipótesis son ahora herramientas probadas y validadas con datos comprobados.

Con el fin de controlar la validez y confiabilidad de cada hallazgo dentro de las neuroventas, cada hipótesis fue comprobada haciendo pruebas con 420 personas de ambos sexos, considerando tres rangos de edad y contrastando, además, cada hallazgo en una docena de sectores de venta en cuatro países diferentes, ajustándose a un margen de error del 5 por ciento.

Entonces, esto no sale de la experiencia de Jürgen como vendedor, sino de un laboratorio y de un equipo de neurocientíficos, comunicadores y expertos en ventas. Nuestro sistema de trabajo es muy simple. Todos juntos generamos primero una hipótesis de lo que creemos que puede venderle al cerebro, lo probamos con la tecnología adecuada y vemos qué resultados se obtienen. Si el cerebro está totalmente distraído o poco interesado durante la prueba, quiere decir que esa idea, frase o producto no le está vendiendo nada al cerebro, entonces lo descartamos y buscamos el siguiente.

Por eso, se debe tener en un equipo de neuroventas: un experto vendedor, un especialista científico, un experto en sistemas y otros profesionales especializados. Todos ellos deben trabajar de forma simultánea para probar, validar y descubrir nuevas y mejores formas de comunicarte para vender.

## Tecnología que se utiliza para validar las neuroventas

Una de las piezas clave de la tecnología para validar los principios de neuroventas ha sido el casco Quasar®. Se trata de un aparato de registro electroencefalográfico (EEG) que, como ya comenté antes, fue creado originalmente para el Ejército de los Estados Unidos.

Posee una serie de sensores para estudiar cómo afectan los estímulos al cerebro de la persona que lo lleva puesto, a partir de la medición de los impulsos eléctricos provocados por la actividad neuronal en determinadas áreas de la corteza cerebral.

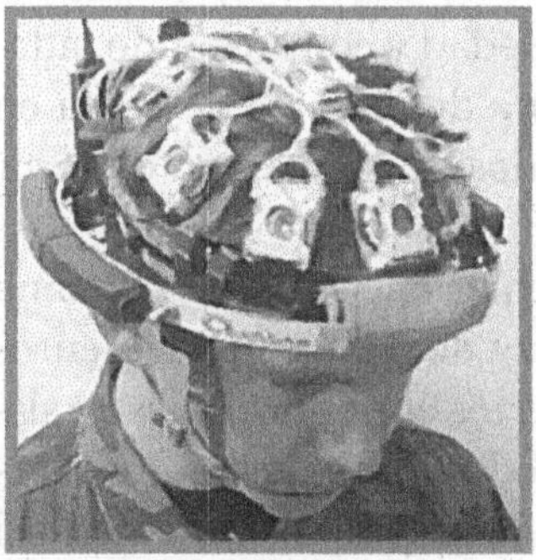

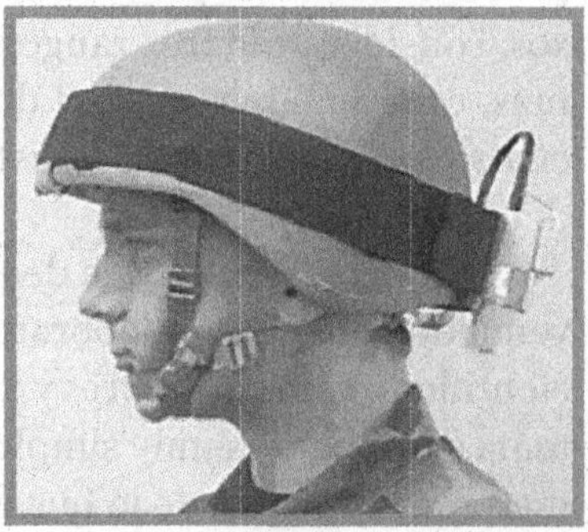

**Fuente:** Quasar® USA.

Antes, para hacer este tipo de estudios solo existían aparatos incómodos, cuyos sensores tenían una infinidad de cables y, por si fuera poco, había que aplicar un gel en el cuero cabelludo de la gente para lograr conducir la información proporcionada por el cerebro hacia los sensores del electroencefalógrafo.

También hay equipos que requieren arcilla húmeda o solución salina, dentro de los más conocidos, para la conductividad de los impulsos. Podría decirse que compiten para ver cuál es el más engorroso e incómodo.

Nosotros lo hicimos durante años con los EEG que requerían gel y era de lo mejor que se conseguía. Pero además de las molestias que generaban, el problema principal era que con estos equipos no podíamos entrar a probar la venta de un coche o de unos zapatos y saber qué pasaba en el cerebro durante un proceso real.

El trabajo estaba limitado a condiciones de laboratorio, que, si bien permiten aislar y controlar muchas variables, finalmente son espacios ficticios, que no logran capturar la realidad del contexto necesario para saber a fondo el impacto de un estímulo respecto a diferentes procesos cerebrales.

No se podía trabajar en espacios reales porque no eran inalámbricos; limitaban el movimiento porque los electrodos se veían afectados por cualquier ajetreo de la persona, y se acortaba el tiempo para hacer las mediciones porque el gel perdía rápidamente la capacidad de transmitir los impulsos eléctricos.

Ahora, este casco es inalámbrico y tiene sensores secos, por lo que ya no necesitamos usar el gel en nuestros estudios. Con una reducción en el tiempo del 80 por ciento, una persona logra ser conectada al Quasar® en menos de tres minutos, incluyendo la calibración y sincronización del equipo, con lo que se minimiza además la espera. Además, los sensores permiten que las personas se desplacen libremente, ya que los datos pueden ser capturados y visualizados en tiempo real o almacenados dentro del casco mismo.

Ese registro de actividad electroencefalográfica es complementado con otras medidas fisiológicas, que aportan información sobre el nivel de impacto de un estímulo, como la temperatura y sudoración de la piel en la muñeca o el ritmo cardíaco en el tórax.

Lo espectacular de esta tecnología es que se puede emplear en diferentes ambientes para probar y validar los discursos de ventas reales, permitiendo modelar, refutar o aprobar hipótesis, que se convierten en principios fundamentales de esta ciencia llamada *neuroventas*.

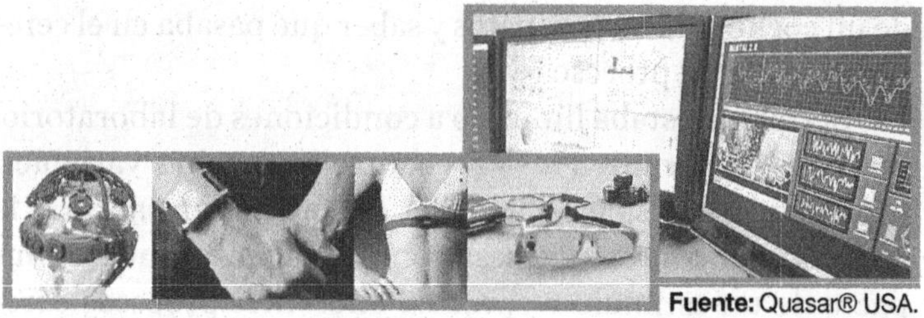

**Fuente:** Quasar® USA.

El *software* que utiliza el casco fue creado por nosotros. Estudia el impacto y las respuestas provocados por cualquier clase de estímulo en el cerebro humano y mide las respuestas anticipatorias a nivel fisiológico. Nos dice exactamente si el cerebro está conectado, emocionado, deprimido, ansioso, atento o aburrido y en qué grado, mediante ecuaciones matemáticas. Estos algoritmos se convierten después en una escala de valores y calificación, que nos permite saber cómo reacciona el individuo y si lo que se le presenta resulta fácil de entender y asociar con sus intereses, expectativas y experiencia.

Tenemos también dispositivos de seguimiento ocular o

*eye trackers*, unas gafas que determinan con exactitud dónde está puesta la mirada de la persona que los usa, pero en las pruebas para neuroventas no se utilizan mucho porque nos centramos más en los discursos verbales. Sin embargo, los incluimos en aquellos momentos en que evaluamos los elementos no verbales del vendedor, como sus movimientos corporales.

Te voy a mostrar en la siguiente infografía los pasos que se siguen bajo nuestra metodología, ya sea en condiciones de laboratorio o en ambientes naturales.

Para validar un discurso comercial, la persona solo tiene que escuchar lo que dice el vendedor, puede ser directamente en el lugar donde se realiza la compra o mediante una grabación. Toda la información que se genera se transmite de manera inalámbrica a un ordenador de alta velocidad que procesa medio millón de datos por segundo, con sincronización simultánea.

Una vez culminada la prueba con los aparatos, la persona pasa a una entrevista minuciosa hecha por antropólogos y psicólogos. Esto nos permite cruzar la información, de tal manera que podamos entender elementos complementarios que explican la forma en que le ha impactado o no el discurso de venta.

La verdad es que no creemos mucho lo que la gente dice, pero es muy interesante y nos nutre escuchar cómo afirman una cosa y muchas veces su cerebro piensa otra. Es, además, una forma válida que nos permite contrastar información y hallar los puntos de incongruencia entre lo que dice y decide hacer la gente.

Esta metodología es tan precisa que te puede decir cuál es la palabra de una oración que más conecta con el cerebro y, por tanto, establecer cuáles de las tantas frases del vendedor sí están dando resultados y cuáles no, para poder optimizar su discurso de ventas.

# LEER LA MENTE DEL CONSUMIDOR

La tecnología que usamos para crear estrategias y capacitaciones de neuroventas deriva de la integración de varias tecnologías simultáneas para poder predecir el éxito o el fracaso de los discursos verbales comerciales. Con esta tecnología se puede crear, mejorar y capacitar a los equipos de venta.

1

## UNIDAD EEG (encefalograma)

Un casco inalámbrico que capta la actividad eléctrica cerebral a través de sensores secos con un mecanismo de fijación que no requiere medios líquidos para transmitir y registrar la información.

2

## *EYE TRACKER* (seguimiento ocular)

Tecnología que registra la posición y los movimientos oculares permitiendo establecer las preferencias de fijación visual que genera el discurso de venta.

3

## BANDA DE MEDICIÓN DEL RITMO CARDÍACO

Pletismógrafo que registra los cambios en la frecuencia cardíaca, que son necesarios como correlato fisiológico para establecer el impacto del estímulo presentado.

La información se puede transmitir a 30 metros de distancia

4

## PULSERA DE RESPUESTA GALVÁNICA (GSR)

Pulsera con sensores que captan la conductancia eléctrica de la piel para apoyar sus resultados obtenidos en relación con el impacto emocional que genera el discurso de ventas.

**Fuente:** Mindcode Colombia. **Ilustración:** Raymond Reyne.

## 7 NEUROVENTAS (análisis, conclusiones y recomendaciones)

Con esta información, un experto en neuroventas recomienda los discursos de venta pertinentes para lograr una venta más rápida y adecuada.

## 6 ENTREVISTA PSICOANTROPOLÓGICA EN PROFUNDIDAD

El estudio de neuroventa se complementa con una entrevista psicoantropológica para profundizar en la cultura y los comentarios de los estímulos que recibió. Esto ayuda en gran medida a implementar después los nuevos discursos de venta.

## 5 *SOFTWARE* DE NEUROMÉTRICAS MINDCODE MENTAL 3.0

*Software* especializado, creado por Mindcode, que recibe los resultados brutos arrojados por cada tecnología implementada. A través de diferentes cálculos basados en nuestros algoritmos, obtiene un resultado específico que califica dentro de una escala la efectividad e intención de compra que produce el estímulo.

Así, probamos con frases como esta: «Este televisor tiene la más alta tecnología 4K 3D». En el caso específico de una mujer, notamos que cuando escucha «este televisor» el cerebro va bien, pero cuando oye «alta tecnología» se empieza a apagar y, de repente, cuando escucha «4K 3D», el cerebro se desconecta, ya no pone atención y se acabó el proceso. Ese discurso no sirve para venderles televisores a las mujeres.

Entonces, probamos con otra frase: «Con este televisor disfrutarás más por la calidad de los colores». Inmediatamente comprobamos que el término *calidad* y aún más la palabra *colores* hacen feliz al cerebro, le gustan bastante. Una puntuación de 6,9 sobre un valor máximo de 10. ¿Qué nos está diciendo este descubrimiento? Que cuando vendes televisores a las mujeres, debes repetir más veces las palabras *colores* y *calidad.*

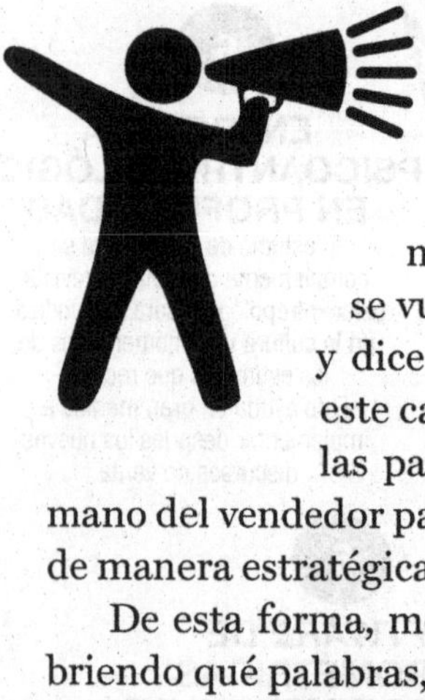

Está bien, pero seguimos buscando una frase ganadora. A ver: «Con este televisor no querrás salir más de tu casa, vas a ver películas el fin de semana y ahorrarás mucho dinero». Y entonces vemos que el cerebro se vuelve feliz, genera respuestas positivas y dice: «Quiero este televisor», porque en este caso también se encuentran contenidas las palabras correctas. Queda así todo a la mano del vendedor para combinar los elementos conectivos de manera estratégica.

De esta forma, mediante varios ensayos, vamos descubriendo qué palabras, qué conceptos, qué categorías son las más poderosas para conectarte con el producto o el servicio que te voy a vender. Como verás, no se trata de llegar a frases para que el vendedor use de manera sistemática, sino de principios que puede adaptar a sus necesidades, pero ahora con la certeza de su efectividad.

De los centenares de cosas que hemos probado en los últimos diez años, hoy aprenderás los veinte mejores descubrimientos de neuroventas que hemos comprobado que funcionan, para que la gente te compre más rápido, con menos desgaste y más efectividad.

Lo mejor es que estos veinte consejos van más allá de la cultura. Ten mucho cuidado al leer libros de *neuromarketing* que se hacen en Estados Unidos.

El cerebro de un comprador neoyorquino es totalmente diferente al de un español o un latinoamericano, por ejemplo, y los estudios de estos lugares suelen ser tan específicos que no son generalizables a otros espacios.

Entonces, los descubrimientos deben trascender a la cultura, ser más biológicos para alcanzar un nivel de universalidad, o deben provenir de estudios hechos en diferentes países para garantizar su generalización.

Un alumno me decía: «Acabo de leer los cien mejores neuroconsejos de un científico estadounidense, ¿qué opina de eso?». Le respondí que, de esos cien principios, tan solo unos cuarenta probablemente funcionarían en el país donde él vive. Hay que tener mucho cuidado porque la cultura modifica las respuestas neurológicas y fisiológicas en general. *Rojo* no significa lo mismo en el cerebro de un chino que en el de un sueco o en el de un mexicano.

Una vez hice una prueba con el casco Quasar® en un concesionario de automóviles Škoda, una marca de la República Checa perteneciente a Volkswagen. Había un vendedor que hablaba mucho pero decía poco, y en los aparatos quedó registrado que mi cerebro no le ponía atención a nada. Este señor, como la gran mayoría de los vendedores en el mundo, era un robot diciendo muchas cosas, pero pocas que funcionaran para el cerebro.

**Eso pasa en las ventas tradicionales, sienten que tienen que mencionar todo para ver si algo engancha. En el**

**mundo de las neuroventas, tú tienes que decir pocas cosas, pero contundentes. No hace falta hablar tanto para vender, tienes que señalar las cosas correctas. Una vez más: debemos venderle a la mente y no a la gente.**

Sin embargo, de pronto este vendedor dijo una cosa que hizo que mi cerebro prestara atención de inmediato: el Škoda tiene una tecnología que hace que el automóvil aparque solo. El conductor únicamente debe poner el coche en paralelo y el resto se hace de manera automática.

Obviamente, mi cerebro y el de otra persona pueden reaccionar diferente cuando están comprando, pero lo interesante es que hay cosas comunes. En este caso, el hecho de que el coche aparque solo fue lo más atractivo para el cerebro de las veinticuatro personas que hicieron la prueba. Entonces, el vendedor debería evitar hablar tanto e ir directamente al «milagro» de que un coche se estacione casi sin intervención del conductor.

Además, gracias a las pruebas de neuroventas, nos dimos cuenta de que ese «milagro» llama más la atención, el doble, a las mujeres que a los hombres. Entonces, recomendamos que el concesionario debería hacer más publicidad enfocada a vender estos coches a las mujeres, por lo menos bajo esta propuesta de valor.

## ¿Qué enseñan las neuroventas?

Ante todo, cómo funciona la mente humana y cómo es el proceso de toma de decisión de compra.

Pero además:

— ¿Qué le gusta escuchar a la mente?
— ¿Cómo venderle de forma diferenciada a una mujer y a un hombre?

— ¿Cómo cambiar las percepciones creadas?
— ¿Qué compra instintivamente el ser humano?
— ¿Cómo evitar el juego del precio o hacerlo jugar en nuestro favor?
— ¿Cómo involucrar la mayoría de los sentidos en las ventas?
— ¿Con qué palabras se activa la mente para comprar?

Pero hay que tener mucho cuidado con cómo se usan las neuroventas. Una vez me llamaron para hacer un taller en un congreso de cirujanos plásticos. Cuando llegué, los veía como hambrientos y empecé a sentir el ambiente pesado. En menos de media hora me di cuenta, por las preguntas, de que todos ellos querían aprender cómo vender cirugías estéticas por las bravas.

Imagínate, un doctor puede operar como máximo a tres personas al día, pero creo que querían usar las neuroventas para operar a nueve, por decir algo. Entonces, durante cinco horas estuve repitiendo a cada rato que primero estaba la ética. Me di cuenta de que es un sector peligroso y nunca más volví a aceptar hacer un taller para este segmento. Cabe recordar que saber de neuroventas te obliga a seguir una serie de principios éticos en la que el cliente siempre debe estar por encima de todo.

Como vendedores, debemos resguardar la integridad de quienes se acercan a nosotros y centrarnos en ser solucionadores de problemas, así como una herramienta útil para ayudar a cubrir necesidades a través de los productos y servicios que ofrecemos.

Nunca debemos pasar por encima de los demás ni tratar de crear nuevas necesidades. Un discurso ético bien estructurado no requiere formar parte de un plan maquiavélico que vaya en detrimento de otras personas. El éxito se logra con transparencia y honestidad.

## ¿Por qué compra la gente?

El cliente no sabe por qué está comprando un producto o servicio, esa es la pura verdad. El primer descubrimiento en el sector de las neuroventas es que el 85 por ciento de la decisión de todo lo que compras en tu vida es inconsciente o subconsciente y solo el 15 por ciento restante es consciente.

Aquellos que creen que las ventas son racionales están totalmente equivocados. Más de un ingeniero de sistemas podrá pensar: «Yo vendo *software* de tres millones de dólares. Eso se aplicará a vender zapatos, pero para tecnología, no». Pues bien, el que lo crea está equivocado.

Mientras el que realice la compra no sea un robot sino un ser humano que tiene un cerebro y siente emociones, el proceso funciona en los porcentajes antes mencionados. No importa si vendes casas, programas informáticos o control de plagas. Los procesos de compra siempre son principalmente emocionales. Entonces ten cuidado si crees que el discurso racional es el ganador. Lo que vende es la emocionalidad que vas a provocar al soltar un discurso, sea racional o sea emocional.

Cuántas cosas compramos y después nos preguntamos por qué lo hicimos. A numerosas personas les pasa muchísimo que adquieren una prenda de ropa, la cuelgan en el armario y no se acuerdan de que está ahí; a veces pasan semanas y sigue con la etiqueta puesta.

Te voy a poner un ejemplo ya clásico, y con un toque de humor, de un proceso de compra emocional:

ESPOSO: Mi amor, voy a comprar un coche nuevo porque acaban de ascenderme y ahora podemos permitirnos algo más grande, antes de que el viejo se estropee más y ya no podamos revenderlo.

ESPOSA: ¿Y qué coche vas a comprar, querido?

ESPOSO: Mi vida, no te preocupes, voy a comprar un coche de cuatro puertas, plateado para que dure la pintura y no se ensucie tanto, que no gaste mucha gasolina. En resumen, un coche para toda la familia, ¿te parece bien?

ESPOSA: ¡Qué bien que pienses en la familia, mi amor! Te espero aquí mientras lo compras.

Cuatro horas después...

ESPOSA: ¿Qué ha pasado? ¿Y ese descapotable rojo de quién es?

ESPOSO: Nuestro, mi amor. ¿Sabes?, me hicieron un precio increíble, financiado a dieciocho meses...

ESPOSA: ¿Y dónde vamos a meter a los niños ahí? ¡Solo tiene dos asientos!

ESPOSO: No, querida, este es para ti y para mí, para que salgamos el fin de semana.

ESPOSA: ¡¿Cuándo fue la última vez que me sacaste un fin de semana, tú y yo solos?! ¿De dónde sacas eso? ¡¿Cuánto te ha costado ese coche?!

ESPOSO: Solo un poquito más que el otro que iba a comprar.

ESPOSA: ¿Cuánto más?

ESPOSO: Solo 10.000 dólares más.

ESPOSA: ¡Pero eso es un dineral! ¡Cómo vas a gastarte ese dinero, lo necesitábamos para reformar la casa!

ESPOSO: Sí, mi amor, pero este coche te va a encantar...

Y ahí la discusión empieza a aumentar de tono. ¿La decisión de compra fue racional o irracional? Puede que construya argumentos racionales para justificarse, pero en el fondo el hombre compró ese coche porque se empieza a sentir viejo y cree que a través de ese objeto minimiza esta sensación. Conclusión: es una compra emocional, en ausencia de argumentos racionales de fondo.

**Vender sin vender**

En el año 2011 descubrimos que la mente se cierra a la perorata tradicional de venta. Probamos una gran cantidad de discursos tradicionales: «Esta es la mejor camioneta porque ahorra gasolina y tiene seis *airbags*», por ejemplo. ¿Sabes qué hace el cerebro cuanto más tradicional y más supuestamente «vendedor» es lo que decimos? Cierra la puerta y dice adiós. Por otra parte, si tú crees que vas a vender un piso diciendo que es el mejor metro cuadrado de la ciudad y está en la mejor ubicación, estás equivocado, el cerebro no te está poniendo atención.

Cuando me ha tocado comprar un inmueble, voy detrás del agente de ventas diciendo «ajá» a todo lo que habla y, cuando por fin toma aire para respirar, le doy las gracias y le pido que nos espere fuera mientras hablo a solas con mi esposa.

Es en ese breve y preciso momento cuando nos hacemos una idea más concreta del inmueble, de manera que el vendedor no ha aportado nada en nuestro proceso de toma de decisiones. Esto pasa porque todo lo que me menciona es exactamente lo que no debe, porque sabe qué repetirle a la gente y no qué decirle a mi mente, eso es muy diferente.

**Lo que tenemos que hacer hoy es**
# vender sin vender,
ese es el espíritu y la esencia de las neuroventas.

¿Qué significa eso? Que tú tienes que hacer todo, menos estar pensando en la urgencia de vender, y cuando lo haces, ¡oh sorpresa!, la gente te compra. Empieza por hacer lo que muy pocos vendedores acostumbran: escuchar.

Continuando con el ejemplo de vender un apartamento, podría darse el siguiente diálogo:

VENDEDOR: Para ayudarla mejor, permítame hacerle algunas preguntas. A ver, señora, cuénteme, ¿usted está casada?

CLIENTA: Soy divorciada.

VENDEDOR: ¿Y tiene hijitos?

CLIENTA: Sí, dos.

VENDEDOR: ¿De cuántos años?

CLIENTA: Una de siete y otro de catorce.

VENDEDOR: ¿Qué les gusta hacer a sus hijos?

CLIENTA: Pues Daniela adora pintar y a Álex le encanta la natación.

VENDEDOR: Bueno, pues tengo el proyecto perfecto, un lugar donde hay una sala para niños donde Daniela puede pintar todo el día y una piscina en la que Álex puede nadar.

Y luego todo empieza a ir sobre ruedas. Pero el vendedor que nunca pregunta y solo habla, habla y habla, empieza a largar un cuento que no tiene idea de cómo va a ser recibido, pues no sabe ni con quién está tratando, ni lo que necesita la persona que tiene enfrente, simplemente porque no hace ningún esfuerzo por conocer a sus clientes.

Hoy se vende más escuchando que hablando, comiendo agradablemente con la gente que sentados en un espacio frío e impersonal, porque cuando uno come y se siente a gusto las emociones se solidarizan.

Compartir, desestresarnos, conversar sin pedir nada a cambio, emocionar, hablar de deportes, contar chistes; ese tipo de cosas vende más que el discurso bruto de ventas. Eso está probado por las neuroventas.

La gente que sabe hablar de deporte vende más a los que conocen ese tema. Las personas que son muy simpáticas en un proceso de ventas comercializan el doble, y en niveles más altos. El vendedor que invita a sus probables clientes y cocina para ellos en su casa, sin mencionar para nada su negocio, es más que seguro que antes de terminar la cena le dirán que quieren conocer su empresa y que les interesa comprarle, lo cual me pasa todos los días.

En resumen, estas son algunas diferencias entre un vendedor tradicional y el neurovendedor.

| Vendedor con técnica tradicional | Vendedor con conocimiento de neuroventas |
|---|---|
| Le vende a la gente. | Le vende a la mente de la gente. |
| Solo usa las técnicas de venta. | Además de usar la técnica tradicional, usa el conocimiento neurocientífico. |
| Piensa que lo racional es lo que más ayuda al proceso de venta. | Tiene en consideración que el 85 % de la decisión es subconsciente e inconsciente. |
| Cree que las palabras son el arma más poderosa. | Sabe que la decisión proviene del conjunto de los cinco sentidos. |
| Usa solo la boca para comunicar. | Usa todo el cuerpo para comunicar. |
| Utiliza un discurso de ventas unisex. | Emplea un discurso de venta diferenciado para hombres y mujeres. |
| Tiene un discurso genérico para todos los posibles compradores. | Analiza al consumidor para adaptar el discurso a la tipología exacta de cada uno. |
| Piensa que las características del producto son lo más importante para vender. | Sabe que la gente compra para llenar vacíos emocionales y cubrir miedos. |
| Explica las bondades del producto de forma directa y práctica. | Aplica historias, paradojas, metáforas y analogías para ejemplificar los beneficios. |
| Usa palabras comunes en el discurso de venta. | Maneja conscientemente palabras que llegan al cerebro reptil, límbico y racional del cliente. |

# II

# NEUROCIENCIAS PARA LAS VENTAS

## ¿Cómo funciona la mente humana?

Te voy a explicar los fundamentos de gran parte de los hallazgos en neuroventas que exponen muy bien cómo operan nuestros procesos mentales. Para contextualizar, te contaré que lo primero que descubrió nuestra empresa, hace quince años, fue la funcionalidad de la teoría de los tres cerebros, formulada en 1952 por el médico y neurocientífico Paul D. MacLean, dentro de los temas que estudiamos.

Este investigador sorprendió en su momento al mundo de las neurociencias al proponer, entre otras cosas, que el cerebro tenía una distribución diferente a las tradicionalmente establecidas: afirmó que en realidad había tres cerebros en uno.

El fundamento de MacLean fue una teoría de la evolución que propone que no venimos solamente de los monos, sino también de los reptiles. Según su explicación, dentro de nuestro proceso evolutivo, hace millones de años éramos reptiles, luego pasamos a ser mamíferos primitivos y finalmente nos convertimos en humanos.

La teoría de MacLean es fuertemente cuestionada, porque hasta el momento no es posible demostrar la existencia anatómica de *los tres cerebros*. Sin embargo, este hecho no la hace una teoría obsoleta, pues incluso su continuo desarrollo ha demostrado ser muy efectivo para delimitar y explicar aspectos determinantes de nuestro comportamiento. Es un sistema que permite integrar y articular de manera contundente las causas y los efectos de todo lo que pasa en nuestra vida. De este modo, dejamos de centrarnos en las estructuras que componen cada cerebro para enfatizar las funciones que MacLean adjudicó a cada uno.

Siguiendo los términos usados por el neurocientífico, el cerebro más primitivo es conocido como Complejo-R o cerebro reptil, y es el que nos tendrá secuestrados y dominados toda la vida, porque es la base de nuestro sistema de supervivencia. De ahí la importancia y el poder que tiene sobre nuestras vidas. No siente ni piensa, simplemente reacciona y actúa para superar cada situación; es donde se encuentran los instintos, por lo que en gran parte es muy resistente al cambio. Se centra en el aquí y el ahora, por lo que no hace reflexiones ni considera pasado o futuro.

Instintivo y primitivo, este cerebro es el que se encarga de que respires, comas, te defiendas o ataques, te reproduzcas y cuides a tu tribu, por mencionar lo más básico.

El que conoce sus principios y sabe cómo funcionan tiene una llave muy poderosa para entender al ser humano, así como para predecir y explicar sus reacciones, comportamientos, actitudes, necesidades y, por supuesto, también descubre por qué, cómo y qué compran las personas.

Si uno tiende a dejarse llevar por este cerebro reptiliano no significa que sea un salvaje o una mala persona, simplemente le falta aprender a usar de manera estratégica el instinto según las circunstancias. Sin embargo, lo interesante de este cerebro es que moviliza todo; por eso la gente que se deja guiar principalmente por su cerebro reptil es mucho más dinámica, arriesgada e intrépida.

**No existe**
# un gran vendedor
**en el mundo que no sea un «reptilote», y así como hace uso de él en cada momento,**
# debe tener la habilidad
**de saber activarlo en sus clientes.**

Volviendo a la evolución del cerebro, sabemos que encima del reptiliano apareció el cerebro límbico. Lo tenemos todos los mamíferos y cuenta con una particularidad: nos hace absolutamente emocionales.

Con el tiempo y debido a la alimentación, se creó el tercer cerebro, llamado *córtex*; el racional por excelencia. No somos la única especie que lo posee, pero sí en la que está más desarrollado.

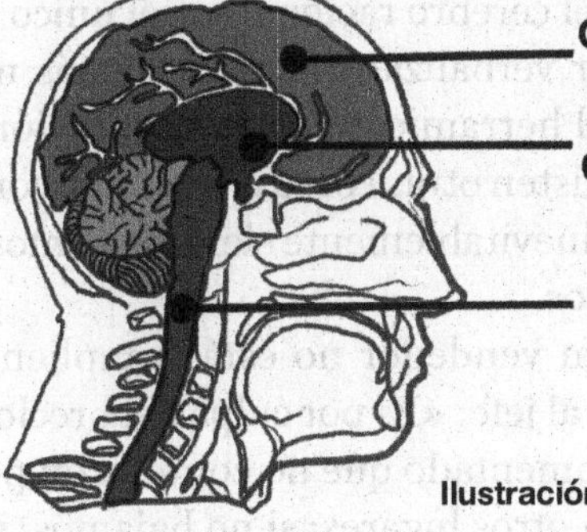


**Ilustración:** Raymond Reyne.

Muchos dicen que es el mejor regalo que Dios ha dado a los humanos porque nos vuelve reflexivos y conscientes de nuestra existencia, permitiéndonos hallar nuevas formas de pensamiento y procesamiento de información que nos alejan del plano emocional e instintivo.

El cerebro córtex procesa toda la información de manera lógica y nos hace personas más prácticas, pero también ahí se encuentran muchos de nuestros inhibidores y controladores del comportamiento, por ejemplo, las reglas de lo que está bien y lo que está mal. Estos principios nos fueron inculcados a través de normas sociales o de creencias personales, y en muchos casos nos llenan de ideas preconcebidas que nos impiden ser más espontáneos y felices. Por eso digo muchas veces, mitad en broma y mitad en serio, que a veces el cerebro racional es lo peor que le pudo pasar al ser humano, porque es el que nos tortura todo el día.

Las neurociencias han identificado que las mentiras tienen su origen en el cerebro racional, pero termina involucrando a los otros dos. Hoy existen aparatos como los polígrafos, que pueden detectar cuándo una persona está falseando la respuesta. Si estás diciendo la verdad, tu corazón, respiración y otros procesos trabajan a una velocidad y frecuencia diferente de cuando estás mintiendo, y eso puede comprobarse fácilmente.

Es interesante que el cerebro racional sea el único de los tres que puede generar verbalizaciones; los demás no hablan. Como la principal herramienta de comunicación es el habla, a pesar de que existen otras como el lenguaje corporal y las acciones mismas, inevitablemente siempre vamos a racionalizar lo que decimos.

En este ejemplo, un vendedor no está cumpliendo su meta de ventas y le dice al jefe: «Es por culpa del precio. Muchos clientes me han comentado que no compraron porque estaba más caro que en otros lugares; si no bajamos, no vamos a vender». A eso se le llama *racionalizar*. Sin embargo, la realidad es que, cuando afirmas una cosa así, justificas que tu estrategia de venta no funciona y estás escondiéndote detrás de la vieja y obvia excusa del precio.

Lo mismo hace el posible cliente que te dice que le compró a tu competencia porque tenía precios más bajos, cuando en realidad lo que ocurrió fue que le interesó más la persona que le ofreció el producto y por eso le compró a ella. Pero claro, no lo va a reconocer.

Como ya te dije antes, **la gente no sabe por qué compra las cosas, pero, eso sí, siempre quiere parecer inteligente, por lo que necesita justificar de forma racional sus decisiones ante sí misma y los demás.**

Esta situación nos tiende una trampa como vendedores porque nos hace pasar por alto los demás procesos relacionados con la compra y creer que debemos ser sumamente racionales para vender. Por otro lado, el nivel de memoria de los tres cerebros es diferente. Si imaginamos que se trata de discos duros, el cerebro límbico y el córtex serían los más grandes, pero con capacidades bastante diferenciadas. Solo por darte una idea: si el córtex tuviera 10 megabytes, el límbico sería de 10 terabytes.

Una prueba de la inmensa capacidad de memoria del cerebro límbico es que, si percibes una fragancia que no has olido desde hace veinte años, pero que la usaba una persona que querías mucho, vas a acordarte de ella al instante, además de evocar emociones asociadas a esa persona. El cerebro límbico es así y su sistema de memoria es miles de veces más grande y efectivo que el del córtex. Pero ¿por qué tienes un disco duro tan grandote? Porque debes aprender, integrar y asimilar con tus cinco sentidos la mayor cantidad de información posible para cuando vayas a hacer cualquier cosa. Es como tener grandes carpetas de datos para consultar cuando los necesites.

Se ha establecido que la forma en que los tres cerebros funcionan y almacenan la información es diferente en hombres y mujeres, lo cual a su vez explica por qué no les podemos vender con la misma estrategia a ambos.

Comparemos, por ejemplo, una pelea de mujeres y una de hombres. Mientras que los hombres discutimos e incluso llegamos a las manos, lo más probable es que después de tres días se nos olvide todo y sigamos siendo tan amigos como antes.

Las mujeres no. Ellas, además de pelear por algo, suelen mezclar el tema con otras cosas de las que se acuerdan en el momento y que no tienen relación. Además, no es frecuente ver que se reconcilien tan fácilmente; por el contrario, guardan el recuerdo de lo sucedido y de lo que sintieron, un hecho que marcará en adelante la forma en que se relacionarán con esa persona. Así funciona la mayoría de las veces: las mujeres son predominantemente emocionales y los hombres no.

Ahora yo te pregunto: ¿cuál de los tres cerebros crees que es el que determina lo que compramos? El reptiliano, nada menos. Los vendedores deben saber esto y aprender a venderle al *reptil*.

El reptiliano es el que toma la decisión porque todo lo que compras en tu vida, absolutamente todo, es para una sola cosa: sobrevivir. Ojo, esto no quiere decir que los demás cerebros no intervengan, pero la punta de lanza siempre será el reptil, mientras que los otros dos solo te servirán como caminos para llegar a él.

¿Sabes por qué hay mujeres que gastan tanto dinero en ropa? Porque las prendas de vestir forman parte de las armas de cortejo que les permiten alcanzar la meta instintiva de conseguir un *proveedor* o *protector* que cuide de ellas y consiga los recursos para mantener a la posible descendencia. Culturalmente esto ya no se acepta, pero recuerda que estamos hablando de las cosas más primitivas, las que nos acercan a los animales.

Vamos a suponer que una mujer ya consiguió a su proveedor y se casó, pero te preguntarás por qué gasta cada vez más dinero en ropa. Es porque ahora necesita vestirse para que la acepten sus amigas en la tribu y pueda mantenerse dentro del grupo; ahora ella se arregla para las amigas, no para el marido, puesto que ya tiene asegurado a su proveedor.

¿No crees curioso que en las revistas femeninas casi nunca sale un hombre en la portada y siempre aparece una mujer? Eso es porque ella se está proyectando y espera encontrar información útil en esa publicación que le permita parecerse a la modelo, de tal manera que le sirva como estrategia para competir contra las otras mujeres. Este tipo de *competencia entre mujeres* no atañe directamente a los hombres. Es un comportamiento relacionado con el cerebro reptiliano.

Y quizá los hombres no nos vistamos para nuestros amigos, pero ¿acaso no compramos un coche por el reptil? Nuestros antepasados adquirían imponentes corceles por la misma razón: el macho que podía desplazarse más rápido era el que dominaba a los otros y conquistaba mayores territorios. Los varones aman los coches para dominar a su prójimo y para atraer a las mujeres.

Pero a ellas no les suelen gustar los coches, entonces ¿por qué se fijan en el hombre que tiene el mejor coche? Porque el que tiene ese gran automóvil refleja tener recursos y, de hecho, le puede ofrecer comodidad a ella y a sus posibles crías. Eso es reptiliano.

Nadie compra nada si no es con el cerebro reptil. Yo he vendido las cosas más raras que te puedes imaginar, de lo más racionales, como un tractor para minería o un sistema de *software* modular para la gestión empresarial valorado en cuatro millones de dólares. En un proceso de venta así, todos los ejecutivos al frente juran ser los más racionales del mundo y yo solamente me río porque cuanto más racionales dicen ser, más rápido caen. Se encierran y se enclaustran en su racionalidad más absoluta y se derriten por un comentario bien dirigido a su reptil, sin darse cuenta siquiera.

Acuérdate de que no interesa a quién tienes enfrente, no importa si es mujer u hombre, si tiene veinticinco o sesenta años, todos tienen un «reptilote» listo para escuchar un discurso reptil. ¿Qué les vas a decir para garantizar que ellos sobrevivan y adquieran mejores herramientas para adaptarse?

Cuando estaba vendiendo el *software* de control tipo SAP, que si falla se cae toda la empresa, descubrimos que los compradores tenían un mensaje racional absoluto respecto de lo que esperaban del producto. Estamos hablando de una venta de cuatro millones de dólares, así que había todo un comité decidiendo y, por lo general, en esos casos no hay mucha diferencia entre los productos que les ofrecen. Sin embargo, nosotros apostamos por el reptil.

En esa época trabajaba en México para una marca pequeña que hoy es muy grande, y competíamos contra los mastodontes del sector. Nos preguntábamos qué quería escuchar la gente cuando estaba comprando un *software* así, a diferencia de los discursos idénticos que estaban soltando los otros.

Y descubrimos que los compradores querían escuchar una sola cosa: que no iban a arriesgar su puesto con nosotros.

El mejor *software* era el nuestro, pero los que decidían pensaban que ni locos podían comprarnos, porque si fallaba el sistema su jefe les iba a dar una patada en el trasero por escoger una marca pequeña que pocos conocían, en vez de SAP, que era el líder.

¿Sabes cuál fue nuestro discurso? «Con nosotros te va a ir muy bien. Además de ser igual de buenos que los demás, tenemos una sola misión: que tú, que me estás comprando, estés protegido por nosotros y no te vamos a hacer quedar mal, ni te vamos a dejar a la deriva. Cualquier fallo del sistema lo solucionaremos de inmediato.» Y así empezaron a subir las ventas. Eso sí, debíamos cumplir lo prometido. Lo que vendíamos realmente era la seguridad de mantener su trabajo, e incluso logramos en muchos casos el incremento de posición por una compra bien hecha.

Cuando entiendes cómo funciona el reptil y el miedo que tiene una persona cuando está comprando algo tan importante, tú sabes qué decirle y qué entregarle para trascender en el mundo de las ventas. Cuando estás dispuesto a darlo todo y además lo dices, bienvenido sea el éxito.

## El código reptil

En México dicen que emoción mata a razón, pues yo digo ahora que el instinto los mata a los dos. Siempre pregúntate dónde está el reptil de tu producto o servicio. Todos tienen una necesidad reptil (a veces varias), pero siempre hay una que es el instinto más básico, el más biológico entre todos los demás, que será al que hay que señalar, y es conocido como el *código reptil.*

Fumar, por ejemplo, tiene un reptil de rebeldía. Cuando empiezas a hacerlo estás construyendo tu propio perfil de anarquía, aunque quizá después ya lo hagas por otras razones. Por eso, fíjate en las campañas de Marlboro, antes era el vaquero cabalgando solo por las llanuras, ahora es el solitario corriendo a toda velocidad por el desierto con una moto o en un circuito de Fórmula 1. También hay reptiles de libertad y autonomía, pero el que prima es el de rebeldía. La forma de determinar el código reptil es yendo a lo más instintivo y que sea una característica de los animales, los principios básicos. El animal hace todo para mantenerse en una zona de comodidad, en la que no pase frío, hambre o peligro.

¿Cuáles son los códigos reptiles en un ser humano? La lista no llega a treinta cuestiones básicas: anarquía, felicidad, control, dominación, reproducción (aunque puede regularse por la cultura), placer, seguridad, protección, trascendencia, unión de la tribu, exploración y movimiento son los principales. A continuación veremos algunos más.

Por ejemplo, el código reptil de la Coca-Cola es la felicidad. En mis talleres siempre hago un ejercicio y les pido a los asistentes que piensen cuál es el reptil de su producto, servicio o negocio. Como ya te comenté, puede haber varios, pero uno es el más poderoso y es en el que te debes basar.

Así, en la publicidad es la dominación; en los servicios turísticos, la exploración; en un hotel de vacaciones, el placer; en un hotel de negocios, el control.

De igual manera, en los servicios de información o comunicación es la dominación; en la ropa, la protección y también la dominación, dependiendo de qué tipo sea. En la televisión es el explorar, sentir, vivir; en el estudio es el poder; y en la venta de casas y otros inmuebles, el resguardo y la unión de la tribu.

En la venta de combustible, el código reptil es la libertad; en los planes de pensión, la seguridad; en el alquiler de pan-

tallas táctiles para actos, la exploración; en los servicios logísticos para el comercio, el control; en los préstamos a microempresas, el poder; en la lencería, la dominación; y en el centro comercial los más comunes son la unión de la tribu y la exploración, pero hay uno que no se usa mucho y podría ser muy poderoso: la conexión con la vida.

A veces es complicado determinar el reptil. Por ejemplo, si estamos hablando de bancos buenos, la seguridad está implícita. Si trabajas en uno de ellos y quieres atraer a un cliente de la competencia, no puedes venderle seguridad porque él ya la tiene en su banco, no es algo que te vaya a diferenciar. Pero si le vendes poder, si le dices que sus créditos se aprobarán más rápido o que contará con un trato preferencial en todo momento, entonces ya hay algo a tu favor.

Cuando uno pide un crédito no es por seguridad, lo que se está buscando es hacer algo con ese dinero, por lo que debes hablarle al reptil del poder. Entonces, siempre preocúpate por encontrar el más instintivo de todos.

# III

# EL PROCESO DE DECISIÓN

**Los tres escenarios emocionales**

Cuando la necesidad reptil o instintiva es cubierta, debemos continuar con la siguiente etapa: comprender cómo las personas toman decisiones. Es un tema fascinante. La mente normalmente necesita tres escenarios antes de optar por uno de ellos. No dos porque es muy poco, ni cuatro porque se confunde. Siempre debe tener tres alternativas porque, si no se las das, va a renunciar a tu ofrecimiento y saldrá a ver dónde las consigue.

Lo curioso es que los tres escenarios siempre son emocionales. Tú crees que son racionales, pero por detrás de la racionalidad está lo emocional. Y así, entre las tres alternativas emocionales, el cerebro elige racionalmente una de ellas. Entonces sí, la elección es racional, pero como todas las posibilidades son emocionales, al final es un proceso emocional.

La decisión es la racionalidad escogiendo uno de los tres escenarios emocionales; por tanto, vende a la emocionalidad. Ayuda a que tus clientes construyan los mejores escenarios emocionales a tu favor.

Ese es nuestro negocio: una vez identificado el código reptil, generar una química en el cerebro que provoque una

emoción positiva que favorezca la valoración de nuestro producto, de nuestro servicio o de nuestra empresa, cuya meta final sea la compra.

Aquí tengo un ejemplo para alguien que está comprando una mochila.

**Escenario 1**: La racionalidad me dice que este modelo está de moda, es urbana, no es comercial. Pero lo que hay detrás es que, si la compro, me sentiré agresivo. Eso es emocional y es atractivo, la gente quiere verse agresiva, por eso el estilo urbano ha tenido tanto éxito. Si durante toda la semana tengo que llevar americana y corbata, cuando llega el sábado quiero ponerme mis vaqueros rotos y mi camiseta con estampado de calaveras. Aunque tenga cuarenta años, soy una persona libre, rebelde y estoy lista para la ciudad.

**Escenario 2**: La racionalidad dice que este modelo no es tan bonito, pero es más funcional. La emocionalidad dice que me sentiré muy inteligente porque demostraré que soy racional y, aunque no lo parezca, eso es pura emoción.

**Escenario 3**: La racionalidad dice que este modelo me conviene porque está en oferta, dos por uno, pero el idiota de

Jorge tiene una igualita, así que no la quiero. ¡Oye, espérate, te van a dar dos mochilas por el precio de una! ¿Racionalidad, dónde estás? Ya se fue. Lo que más le interesa es no parecerse al estúpido de Jorge.

Entonces, una vez construidas esas tres emocionalidades, el cerebro se decide por una de ellas, dependiendo de cada persona. En este ejemplo, nuestro comprador se decidirá por la opción 2 porque jura que es la más racional, pero en realidad es completamente emocional porque está comprando algo funcional para sentirse inteligente, y eso es cien por cien emoción.

Ninguno de nosotros es realmente consciente de por qué compra; creemos saberlo, pero no es verdad. Son cosas muy inconscientes. Yo me dedico a esto desde hace quince años y ni yo mismo lo sé a veces. Tengo un caso que es increíble y sucedió la última vez que me compré un coche caro.

Estaba en Miami, fui a comprar un coche y terminé con un todoterreno Porsche carísimo, pero no entendía por qué lo había comprado. Me había gastado un buen dinero y me decía a mí mismo que me encantaba, que el motor sonaba increíble, que el diseño era una maravilla, pero yo sabía que era mentira. Durante meses fui haciendo el proceso para entender por qué escogí ese todoterreno, pero no lo descubría.

Hasta que un año y medio después me reencontré con mi gran amigo Jaime, una de las personas que más admiro en los negocios y que fue por mucho tiempo mi mentor. Un ser humano increíble, además de gran padre y esposo, un millonario, líder y filántropo. Él había estado viviendo en México y no nos veíamos desde hacía mucho tiempo. Nos citamos en un restaurante para tomarnos un café y conversar.

Lo más increíble es que hablamos como tres horas y, en el momento de irnos, le dimos al camarero nuestros respectivos resguardos del aparcacoches. Y cuando salimos, me di cuenta de que mi todoterreno era idéntico al suyo, él se lo había comprado poco antes de que dejáramos de frecuentarnos y yo lo había visto en la última ocasión, aunque mi racionalidad nunca lo había registrado. En ese momento por fin supe por qué compré ese todoterreno, simplemente porque era el mismo que tenía Jaime y yo lo admiraba demasiado. Quería ser como él.

Definitivamente, en esta travesía del proceso de decisión hay que entender cómo funciona el cerebro humano para no rompernos tanto la cabeza.

## La fórmula que decide la compra: atención, emoción y memoria

¿Cómo funciona la ciencia de la venta?

¿Qué debes hacer para que el cerebro pueda tomar la decisión a favor de tu producto o servicio?

Este es el máximo descubrimiento en el mundo de las neurociencias. Es el meollo de por qué el cerebro dice «sí voy a comprar» o «no voy a comprar».

Para poder aterrizar y hacer efectiva la activación de los tres cerebros en las relaciones e intensidades que te comenté, debes activar de manera estratégica tres respuestas cerebrales que son la atención, la emoción y la memoria, las cuales son medibles por medio de las tecnologías ya mencionadas.

Lo primero es llamar la atención de la mente del posible comprador porque si no el juego no empieza. Igual que cuando los hombres queremos conquistar a una mujer o viceversa, tenemos que lograr que la persona nos preste atención para que comience la acción.

Lo siguiente que debes conseguir es que la persona haga una asociación emocional positiva que la conecte contigo,

**Proceso que usa la mente para la toma de decisión**

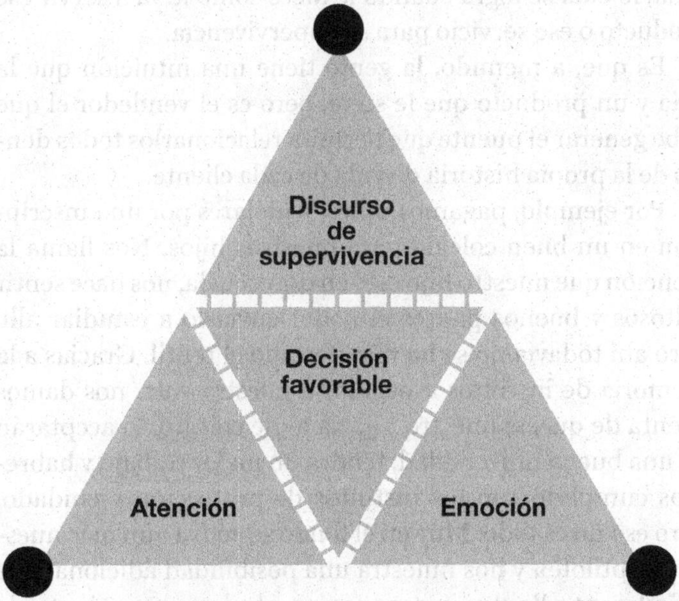


**Trinidad de toma de decisión**

**Fuente:** Elaborado con información de A. K. Pradeer, *The Buying Brain: Secrets for Selling to the Subconscious Mind*, Wiley, 2010.

con tu producto, tu servicio o tu empresa. Hay que tener mucho cuidado porque puedes llamar la atención, pero generar una emoción negativa... o ninguna, ese es un gran problema para un vendedor.

Pero hasta ahí el cerebro todavía no ha comprado. Claro, está feliz, ya tienes su atención, está enamoradísimo del producto; sin embargo, aún no hay nada que le diga que saque la cartera. ¿Qué falta para que la persona esté dispuesta a intercambiar su dinero por ese bien?

Debemos enviar un mensaje directo y contundente a su

sistema de adaptación, de tal manera que activemos la asociación de instintos con la propia historia de vida de la persona, lo cual se logra cuando le dices cómo le va a servir ese producto o ese servicio para su supervivencia.

Es que, a menudo, la gente tiene una intuición que la guía y un producto que le sirve, pero es el vendedor el que debe generar el puente que permita relacionarlos todos dentro de la propia historia de vida de cada cliente.

Por ejemplo, pagamos miles de dólares por una inscripción en un buen colegio para nuestros hijos. Nos llama la atención que nuestro hijo esté en esa escuela, nos hace sentir exitosos y buenos padres el poder enviarlo a estudiar allí. Pero ahí todavía no se ha manifestado el reptil. Gracias a la memoria de instintos asociados a nuestra vida, nos damos cuenta de que, si nuestro hijo va a ese colegio, lo aceptarán en una buena universidad, tendrá un mejor trabajo y habremos cumplido con los instintos de protección y cuidado. Pero eso no es todo. Muy en el fondo se activa aún más nuestro «reptilote» y nos muestra una posibilidad adicional que difícilmente llegamos a poner en el plano consciente de nuestro cerebro: con esa educación estamos haciendo una inversión para nuestra vejez, ya que finalmente nuestro hijo podrá mantenernos, alimentarnos y protegernos cuando nosotros tengamos ochenta años.

Aunque muchas de nuestras razones quedarán en el inconsciente, serán el motor para que instintivamente paguemos felices los miles de dólares de la escolarización de nuestro hijo, sintiendo que es una inversión segura. Pero, para eso, es necesario que se hagan las asociaciones correctas. Como vendedor, deberás encontrar las estrategias para activar este sistema de memoria y asociación en cada cliente.

**Repito una vez más para que se te grabe: compramos las cosas de manera prácticamente inconsciente, con tan solo una pizca de racionalidad. Por tanto,**

**cuanto más racional se hace el discurso, el vendedor se está metiendo en un pozo sin salida.**

Cuando sucede, tienes que dar marcha atrás y desracionalizar el proceso. Si el cliente quiere hacerlo racional, gira el discurso y aborda desde lo reptil y lo emocional. Tienes que darle las emociones para que el proceso de decisión sea más rápido.

Tú puedes comercializar tractores de minería que se miden en tiraje por segundo, pero con una buena comida, unos chistes, unas copas y buena conexión se hace más rápido. Si eso no fuera cierto, se venderían más los tractores japoneses o coreanos, que cuestan un 30 o un 40 por ciento menos que los Caterpillar estadounidenses. Pero no es así. Los norteamericanos siguen siendo líderes y no es porque manejen un mejor producto, y definitivamente no tienen un mejor precio. Es por la conexión emocional que establecen.

Es curioso porque, cuando llevas tu tractor Caterpillar a hacerle el mantenimiento, te invitan a ver cómo lo lavan, como si fuera un niño, aunque es una máquina más grande que un edificio. Los técnicos trepan a él, quedan colgados de cuerdas y lo dejan brillando antes de meterlo en el taller. Entonces, tú dices: «Ay, mi bebé, cómo lo están cuidando». Y cuando hablas con el dueño de un Caterpillar, te cuenta esta experiencia.

Efectivamente, las emociones hacen que la gente pague un 20 o un 30 por ciento más por productos similares, dejando el precio a un lado. Cuando tú pierdes la conexión emocional con el cliente, el precio se vuelve un monstruo. Si crees que el precio es lo más importante para vender es que no sabes manejar valores emocionales y simbólicos.

Por eso, el vendedor que cree que el precio es lo más importante no sabe vender o tiene un pésimo producto.

## Cómo utilizar los neurotransmisores a tu favor

Como hemos visto, en un proceso de compra el cerebro se divide en tres elementos: lo instintivo, lo emocional y lo racional. Hay una armonía entre ellos, pero con pesos o participaciones distintas. Como estos sistemas se afectan mutuamente, deben poder interactuar y lo hacen a través de unas sustancias llamadas *neurotransmisores*, que son pequeños mensajeros químicos que transmiten la información en tu cerebro.

Sabemos que cada neurotransmisor tiene unas funciones muy específicas y especiales, que nos atañen como individuos a todos nosotros, pero lo importante aquí es ver cómo te afectan a ti como vendedor y a la persona que está frente a ti como posible comprador mientras se está generando un proceso de venta.

Entre los neurotransmisores relacionados con el proceso se encuentra la noradrenalina, que se produce en el tallo cerebral y se activa cuando estamos frente a estímulos novedosos, sorprendentes e inesperados, haciendo que el cerebro funcione rapidísimo. Como vendedor, tú necesitas este tipo de estímulos para lograr la atención de la gente, pues sin ellos es muy limitada y la gente pierde el interés por lo que le estás mostrando. Pero debes tener en cuenta algunas cosas: que no se te vaya la mano, no exageres, pues cuando lo haces, la otra persona también se desconecta. Entonces no puedes actuar como un payaso, ni empezar con una información supercompleja o con algo que parezca inalcanzable. Sí novedoso, pero con límites.

Algunos piensan que, para aprovechar el tema de la novedad y de sorprender, tienen que hacer nuevos productos, sacar cosas diferentes, cambiar el color, el tamaño, la presentación y tratar de bombardear más a los consumidores de mil maneras diferentes. Ellos no necesitan eso, la verdad es que para muchos todo está ya inventado, simplemente lo ajustamos, lo mejoramos, lo transformamos. Pero, en esencia, el consumidor no está esperando cosas nuevas, en el sentido literal, que impliquen una revolución industrial y creativa, sino razones novedosas para consumir y formas de adaptar los productos a su estilo de vida.

Eso es lo que debemos intentar darles a nuestros clientes.

Muéstrale un nuevo ángulo del producto, algo que el cliente nunca había visto. Un objeto tiene usos que cada persona aprende por la comunicación y por su propia experiencia, incluso algunos entorpecen el uso de algunas cosas, como por ejemplo la gente que solo emplea su moderno *smartphone* para hacer llamadas.

Al mostrarle a la persona otras formas de ver el producto, también le abres un abanico de posibilidades no solo de uso, sino también de experiencias. Esa es la propuesta de valor hoy: la experiencia. El cerebro quiere saber qué más hay para vivir, no qué más hay para comprar. Entonces, cuando como vendedor quieras usar la noradrenalina a tu favor, debes sorprender al cliente con formas y momentos de consumo inesperados, que generen novedad en las personas y las saque de su monotonía.

Otro de los neurotransmisores es la dopamina, un químico del cerebro que nos permite sentir placer, y por eso muchos estudios en neurociencias se han centrado en este elemento desde la respuesta sexual. Es uno de esos incentivos superfuertes del cerebro para querer repetir una conducta, que evolucionó hacia la actividad motora en general y posteriormente a los procesos de pensamiento y decisión, entre ellos los de compra.

Si yo pregunto a las personas reunidas en un salón si saben que hacer deporte es beneficioso para la salud, todas me responderán que sí. Pero, si luego pido que levanten la mano las que hacen deporte, no llegan ni al 25 por ciento. Eso es muy triste. Son unos cerebros que saben lo que deben hacer, pero no lo hacen.

Esto nos lleva a que el cerebro humano es tan inteligente, pero al mismo tiempo tan bruto, que tiene la increíble capacidad de argumentar, contradecirse y no sospechar nada. Salimos con excusas tan locas como «No, es que me falta motivación y por eso no hago deporte». Pero no te vas a animar si no empiezas, ¿no? Hay otros más descarados que hasta se justifican con una lesión en la rodilla, como si no hubiera ejercicios que no afectan a esa única parte del cuerpo. Lo peor es que a todos les parece normal y aceptable. ¿Dónde quedó el argumento de la salud? Nadie se acuerda.

Es gracias a la dopamina que empezamos a sentir placer cuando hemos hecho alguna actividad física. Ahora se sabe que el cerebro usa, además, ese mismo circuito para recompensarse cuando toma decisiones, cuando llega a una meta, cuando logra alcanzar algo que deseaba con ansias.

Por eso, tienes que aprender a hacer que tu cliente libere dopamina en la negociación y en la experiencia con el producto. Le estarás estimulando uno de los centros más importantes y más agradables en materia de sensaciones. En ese sentido, lo primero que tienes que hacer es que la persona se sienta inteligente. Dale razones, muéstrale valores agregados, hazla sentir única y hasta estratégica cuando elige comprarte. Uno de los peores fallos que puede tener un vendedor es hacer sentir estúpido al cliente.

Por ejemplo, en una sección de tecnología, una persona que no tiene la menor idea de qué está comprando pregunta al vendedor y este le dice: «Este ordenador tiene un poderoso procesador Intel 2.7-GHz Core i7 y 16GB de memoria RAM». A la mitad de esa frase, el posible comprador desconectó y encima empezó a sentirse mal por no entender de qué diablos le hablaba el vendedor.

Por el contrario, si el vendedor le hubiera explicado a esa persona que se trata de la computadora más rápida del mercado, que se ajustará a sus necesidades porque puede guardar gran cantidad de fotografías de momentos especiales y que tiene una aplicación especial para montar álbumes como ella quiera, pero que además le permite navegar interminablemente por internet sin tener que cerrar otras ventanas, el cerebro de esa persona habría empezado a liberar dopamina para hacerle sentir placer y recompensa, por lo que se interesaría por el equipo y agradecería al vendedor por ser tan efectivo con la información.

Entre tres equipos que le ofrezca el vendedor, no elegirá por sus características, sino el mejor descrito por el vendedor, de acuerdo con su experiencia. De hecho, como dato curioso, ¿te has fijado en que los clientes, más que hacer cada vez nuevas preguntas sobre un producto, vuelven y cuestionan varias veces lo mismo o hacen que repitas algo que ya les habías dicho? Eso es porque quieren sentir una y otra vez la satisfacción que les han dado tus palabras, lo cual se relaciona con la dopamina.

Por otro lado, mediante la acetilcolina, otro neurotransmisor, el cerebro siempre quiere aprender y necesita que cada experiencia le genere más adaptabilidad, que lo haga más eficaz, que le brinde mejores herramientas y pueda sobrevivir, así que continuamente actúa como una esponja, tratando de absorber información.

El vendedor nunca debe impedir que las personas expresen sus dudas. Muchas veces se lanza con una retahíla de información y responde preguntas no hechas. Pero todo tiene que ir más despacio; debes darle tiempo porque cuando el cliente hace una pregunta y recibe una respuesta, su cerebro procesa la información de manera muy distinta a cuando no hizo la pregunta y la información le viene de golpe.

El cerebro del cliente siente que tú no le estás dando protagonismo y tampoco le estás permitiendo que vaya encadenando y asociando la información a su ritmo y bajo su esquema. Entonces, ¿qué pasa? El vendedor tiene que repetir cinco veces la misma cosa y cree que el cliente es tonto. Pero si esto te sucede es porque has perdido la sensibilidad, y como ya sabes lo que generalmente preguntan las personas y lo que la marca pretende que se transmita durante la venta, corres el riesgo de convertirte en un autómata, que solo insiste en los datos.

El vendedor da la información en un orden y el cliente la procesa en otro diferente. Ojo con eso, porque te puedes volver repetitivo y pierdes la confianza en lo que estás haciendo. Empiezas a pensar: «Yo ya le dije eso y me lo vuelve a preguntar», te tambaleas creyendo que no te está prestando atención y tú mismo te alejas del cliente en el proceso.

Hablemos ahora de las endorfinas, uno de los neurotransmisores más estudiados hoy en día. Resulta que los circuitos que alivian el dolor de un puntapié son los mismos que se activan cuando te duele el alma, cuando has tenido una pérdida o un fracaso de amor.

Las personas valoran mucho quitarse el dolor de encima y eso es algo que muchas veces se nos olvida como vendedores. Queremos solucionar otras historias, deseamos centrarnos en lo positivo, pero no miramos que una de las cosas que más agradece el cerebro es que le den una solución para un dolor o para algo que le genera malestar.

En nuestra consultora de neuromarketing, Mindcode, hemos encontrado que lo que más activa y

**lo que más fideliza es quitar un dolor al consumidor, por encima de lo novedoso, lo sorprendente y lo inesperado, incluso de la generación de placer.**

Un error, un problema, una solución insatisfactoria, un documento o mensaje que no llegó a tiempo, un producto que falló, todos ellos generan dolor, y si tú eres la persona que le va a quitar esa pena y eres además quien suministra el objeto que va a hacerlo, el cliente se fideliza hacia los dos: el vendedor y el producto.

Hay vendedores afortunados que tienen el producto preciso que puede aliviar el dolor. Por ejemplo, si yo he tenido problemas con mi proveedor de telefonía móvil y he hecho todo lo que ha sido posible, pero no me han dado ninguna solución, de pronto llega otro proveedor y me dice: «Mira, yo respondo de eso, déjalo en mis manos, yo me encargo, yo lo soluciono, se acabó tu problema». Entonces me está quitando un dolor, estoy sintiendo que puedo confiar en su promesa de valor y creyendo que ahora las cosas van a ir mejor.

Hay más elementos además del dolor; por ejemplo, el cliente quiere que aligeres su carga, que lo liberes de una culpa o que simplemente lo hagas sentir comprendido. Hay muchos vendedores que se muestran molestos cuando el cliente pregunta mucho y lo interrumpen. Ellos ni se imaginan la pérdida que pueden estar teniendo por querer ganar cinco minutos. El hecho de que le regalen a una persona un ratito puede ser el triunfo absoluto y total. Obviamente tiene que ser con asertividad, no solo tienes que dejarlo hablar, sino mostrarle interés; entonces la persona se siente comprendida y puede conectar contigo.

También es importante permitir normalizar, pues a veces el consumidor cree que su caso es único, que solamente él tuvo una experiencia de compra o de vida que afecta de alguna manera su interacción con el producto, y en ese caso es muy interesante recolectar información. Deja que te cuente y dile: «Sí, ya habíamos escuchado eso, algunas veces pasa, todo tiene solución».

Otra vez te repito: tienes que aprovechar las malas experiencias que algunas personas han tenido. Absórbelas y valóralas porque se pueden volver una oportunidad y parte de tu discurso. Debes hacer que el cliente sienta que no es la única persona a la que le sucedió, pero tampoco decirle: «Ah, eso le pasa a todo el mundo». Lo importante es que sienta que su caso es importante para ti y que te interesa su historia.

Por último, la serotonina es un neurotransmisor que contribuye al bienestar y la felicidad. En un proceso de venta, el cerebro del comprador quiere que el vendedor le transmita sus emociones y también que sea sensible a las suyas.

**Entonces, tienes que ver cómo se expresan las personas y llegar incluso a usar sus mismos gestos para conseguir la → conectividad. ←**

Si es alguien que gesticula mucho con las manos, utilízalas tú también, es parte de la empatía. Lo más importante es que el cliente se dé cuenta de que tienes emociones, que eres un ser humano y no una máquina que vende algo.

Esto está asociado también a lo que se conoce como las neuronas espejo, que son grupos de células cerebrales que se activan en respuesta a las expresiones no verbales de otras personas y nos permiten experimentar sus mismas sensaciones y emociones. Es un mecanismo que nos facilita comprender, más allá del contexto y las palabras, las razones y emociones que vive una persona en un momento dado.

Si logramos sincronizarnos con este sistema, podremos sentirnos mucho más cercanos entre nosotros. Como vendedor, no solo deberás hacer uso de tus neuronas espejo, sino activar las del cliente, teniendo siempre una comunicación no verbal expresiva y positiva, a la que debes prestar atención.

Entre otras cosas, es importante también que motives la conversación, hacer preguntas generales, como una charla entre amigos, para darle al cliente la oportunidad y la libertad de expresarse. El cerebro necesita esos espacios, y cuando los consigue hay conexión.

Aquí te dejo un cuadro que resume lo que busca la mente, el neurotransmisor que se libera y lo que dice el cerebro de tu cliente.

Mantén la calma. Para que todo esto funcione no se necesita que todos los neurotransmisores estén activos al mismo tiempo, eso no es posible, el pobre cliente terminaría con una convulsión. Pero, para que surta efecto como estrategia de ventas, hay que seguir un proceso.

Primero vas a tratar de buscar la liberación de noradrenalina, debes adoptar una táctica novedosa, conseguir empatía y usar la terapia del espejo. Es decir, mírate o grábate simulando un discurso o mejor la experiencia real de un día

**Principales experiencias que siempre busca el cerebro**

| | | |
|---|---|---|
| Búsqueda de lo novedoso, sorprendente e inesperado. | NORADRENALINA | Muéstrame las cosas desde un ángulo que nunca había visto. Abre mi abanico de posibilidades. |
| Indulgencia, facilidad y recompensa. | DOPAMINA | Hazme sentir inteligente. Dame la razón. Muéstrame valores agregados. Hazme sentir único. |
| Aprendizaje, adaptabilidad y asociación de elementos conocidos. | ACETILCOLINA | Enséñame. Ayúdame a relacionar y contextualizar las cosas en mi mundo. |
| Quitar el dolor. | ENDORFINA | Aligera mi carga. Dame soluciones. Permíteme normalizar. Hazme sentir comprendido. |
| Vivir emociones: sentirlas y expresarlas. | SEROTONINA | Transmíteme tus emociones y muéstrate sensible a las mías. |

de ventas y después analiza cómo has estado, cómo te ves, cómo te estás expresando, cómo te muestras ante el comprador.

Luego, estimula la secreción de dopamina: hazlo sentir inteligente, conectado, cercano. Consigue que el comprador sienta que está tomando las decisiones, que tiene el poder. Trata siempre de no cerrarle mucho las alternativas, pero tampoco de confundirlo. Ayúdalo a llegar a conclusiones, no lo obligues a concretar de golpe, pero sí de una manera sutil y amable.

Seguidamente, prueba con la acetilcolina: déjalo cuestionar y recuerda que enseñar no es dar un discurso de corrido, sino dejar que haga las preguntas y responderlas.

Después, da la oportunidad de actuar a las endorfinas: pregunta por sus experiencias, permite que se exprese. Algunos nunca te van a hablar de lo negativo, sigue adelante, no puedes imponerlo, pero trata siempre de conocer. Afortunadamente, muchos de los productos que vendes tienen parecido con los de la competencia, entonces no es tan difícil que se abran espacios de comparación para poder hablar sobre malas experiencias y ver cómo tú las puedes neutralizar o cambiar.

Y finalmente, no olvides activar la serotonina para conseguir siempre esa conectividad emocional, pero esa sí la debes manejar transversalmente durante el proceso, es decir, todo el tiempo, porque, si no es así, corres el riesgo de que se eche todo a perder.

**Acciones concretas en el proceso de venta**

Volviendo a los principios de atención, emoción y memoria, puedes empezar con esta pequeña guía que te ayudará en el proceso de ventas.

## #1 Para lograr la atención

**BUSCA ELEMENTOS CONOCIDOS:** Nunca trates de mostrar lo que vendes como algo absolutamente revolucionario: el cerebro no está listo para eso, siempre tiene que anclarse en algo conocido para construir a partir de ahí. Cuando a una persona le pones un producto por completo desconocido, se marea. Siempre contextualiza en el mundo normal de la persona.

**BUSCA ELEMENTOS NOVEDOSOS:** Primero, algo conocido y habitual; luego, empezamos a explorar lo nuevo.

**HAZ QUE COMPRENDA:** El cerebro del comprador quiere entenderlo todo, así que nada de cosas muy complejas, es un poquito perezoso y le gusta todo más bien fácil.

Cuando empiezas con cosas supertécnicas o muy profundas, la mente tiene dos opciones: una, se desconecta, no puede seguirte el discurso y lo perdiste; y dos, el cerebro se quedó pegado a la primera frase incomprensible, tratando de entenderla, mientras que el vendedor sigue y sigue hablando de otras cosas. Ojo con eso: cada tanto, pregunta y parafrasea.

Un vendedor también es un docente, un profesional en la formación de nuevas formas de consumo, así que, si la gente no te entiende, es tu culpa. Jamás debes preguntarle al cliente: «¿Me entendió?». Es problema tuyo, la cuestión es si tú te hiciste comprender. Lo que siempre debes preguntar es: «¿Fui claro, me hice entender?». Hay que tener cuidado con decirle: «¿Alguna duda?», es muy difuso. Tampoco uses: «¿Me explico?». Es demasiado ambiguo, si el cliente te dice que sí, no sabes si te está diciendo que te entendió o que quiere que le expliques más. Debes emplear expresiones que aseguren al cliente que es tu responsabilidad hacer que el mensaje le llegue adecuadamente y que estás interesado y pendiente de lograrlo.

**GENERA EXPECTATIVA:** Al cerebro le fascina que le digan que algo más va a pasar, que hay algo por descubrir. Tienes que venderle a la imaginación: «Este equipo genera un sonido que ni te imaginas y además tiene increíbles posibilidades». En su cabeza, el cliente ya lo está usando. Mujeres y hombres tienen distintas perspectivas, pero todos queremos algo por revelar.

**ASOCIA ELEMENTOS:** Ayuda al cliente a asociar sus nuevas experiencias con las pasadas y será como cerrar el círculo o hacer el cóctel perfecto, eso es lo que está buscando.

**DALE LA FORMA CORRECTA DE ATENCIÓN:** Bríndale al cliente la información y déjalo disfrutar, que haga una pregunta y respóndele, siempre trata de solucionar cada cosa. Mantén una conversación sencilla y con un vocabulario amable, recuerda siempre que a la mayoría no le gusta que le hablen técnicamente.

## #2 Para lograr la emoción

**INVOLÚCRATE EMOCIONALMENTE:** El cliente quiere que le brinden felicidad y experiencias positivas a través del producto y también en el proceso de compra. Por ejemplo, el consumidor odia que lo persiga un vendedor en una tienda, jamás hagas eso. Saluda atentamente cuando entre, pero después déjalo libre porque primero la persona quiere estar sola para soñar e imaginarse con el producto. Aunque debes mantenerte atento porque, cuando ya termine de fantasear, necesitará que aparezcas y lo ayudes. Las personas queremos que nos hagan grata la experiencia, es nuestro momento, deseamos vivir emociones agradables y entonces nos abrimos por completo. Tu discurso también tiene que enfocarse en cómo el producto va a influir en su vida y va a sentirse más feliz con la experiencia de tener este bien.

**PERMITE QUE EXPRESE SUS EMOCIONES:** Deja que el comprador hable, que te cuente sus historias, que sienta que eres sensible a su mundo. Recuerda siempre que las personas mayores son las más susceptibles en este punto y que las madres no perdonan si, como vendedores, ignoramos a sus hijitos, aunque lo que vendamos ni siquiera sea para ellos. Las madres miden la importancia que das a las emociones a través de la forma en que interactúas con sus hijos.

**COMPRENDE Y ACALLA SUS MIEDOS:** No solo debes estar atento a sus temores, sino también darle ese momento que el comprador necesita para desahogarse y jamás dejarlos sin aclarar. Por ejemplo, un cliente dice: «Tengo miedo de que este seguro no me cubra si viajo a Cuba», y el vendedor responde: «Este seguro es muy bueno porque usted solo lo debe pagar cada tres meses». ¿Y dónde quedó su temor? Su temor pasó a un segundo plano. Aunque no sepas la respuesta, siempre contesta: «No lo sé, pero lo vamos a averiguar en este momento», y llamas inmediatamente. De esa manera le estás diciendo: «Estamos juntos en esto y yo te represento, no estás aquí solo con tu miedo». Nunca dejes un temor sin solución.

**HÁBLALE DE EXPERIENCIAS EMOCIONALES POSITIVAS:** El cliente debe tener una promesa de que va a vivir algo positivo, pero también puedes reconectarlo con momentos que ya vivió, como cuando haces referencia a unas vacaciones felices.

**FACILITA LA EVASIÓN Y EL ESCAPE:** A veces, los productos pueden ayudar al cliente a evitar situaciones y escapar de ellas, por eso debes conocer qué es lo que la gente necesita. Por ejemplo, escapar del estrés y, si lo sabes, puedes darle la alternativa que se lo permita. Son elementos que debes analizar en cada caso. En algunas ocasiones la gente escapa de otra marca dentro de la misma categoría, como sucedía con el ejemplo que te di antes de la persona que se pasa de un proveedor de telefonía a otro. Es algo que parte de las experiencias personales.

## #3 Para grabarlo en su memoria

**FAVORECE LA ASOCIACIÓN CON ELEMENTOS CONOCIDOS:** Antes te hablaba de asociar elementos entre sí, mejor si son conocidos. Esto es un poco distinto, se trata de generar asociaciones de memoria con elementos conocidos. ¿Cuál es la diferencia? En la fase de atención se hace para entender al cliente, mientras que en la de memoria se busca que se vuelva más adaptativo hacia el futuro, que se lleve algo de la interacción que ha tenido contigo. En este caso, permítele hacer preguntas sobre cosas que ya le han pasado, y si no, cuéntale ejemplos y casos, eso también es muy importante.

**AYÚDALO A CLASIFICAR Y CATEGORIZAR:** El cerebro siempre quiere hacer agrupaciones, por eso el cliente necesita anticipar, saber qué puede pasar en la interacción con el producto o categoría, poder predecir y entender con qué está interactuando en un momento dado.

La atención, la emoción y la memoria se van a convertir en un gran poder: la toma de decisión. Dependiendo de lo que vendas, el triángulo de decisión puede llegar a moverse un poco hacia uno de sus extremos, pero no hay forma de que se polarice completamente, así que siempre deberás tener en cuenta los tres.

Recuerda que la emoción expresa la intención, y si tú entiendes al cliente que tienes enfrente, obviamente verás si está aceptando tu propuesta de venta y de valor, pero además de eso él también te está midiendo a ti. Si te sientes odioso, inseguro, distraído o nostálgico, se lo transmites al comprador y se va a convertir en un nuevo mensaje que puede afectar el proceso.

Es normal tener cambios de ánimo de vez en cuando, momentos difíciles y desgana en alguna ocasión, pero te recomiendo que trabajes en eso para que cuando suceda, sepas neutralizarlo y dejarlo fuera de la situación de venta, porque disminuye la empatía y definitivamente toda la situación se verá afectada.

En resumen, deja de hablar tanto y escucha más. Cuando escuches a tu cliente, vas a saber mucho mejor qué debes decir porque la gente, cuando se acerca a ti, tiene unas necesidades, más allá de lo que le estés vendiendo. La persona quiere explorar el mundo, conocer, ver más, obtener atención, cambiar su estado de ánimo, retarse; no sabemos quedarnos quietos porque el cerebro no es estático, sino dinámico, y siempre quiere ir por más.

Entonces, vendas lo que vendas, el cerebro está interesado en que le muestres un mundo de posibilidades. Ahora, investiga en torno a qué gira ese mundo que la gente desea y preséntaselo de la mejor manera posible, siguiendo estas pautas de neuroventas.

## El poder de las historias: proceso de acción/decisión

El cerebro ama las historias, durante miles de años el ser humano ha aprendido a través de los relatos, primero por la tradición oral y luego a través de la escritura. Las narraciones son poderosísimas para la mente y ayudan a que la gente se conecte con los conceptos, por eso en las neuroventas las utilizamos para vender más y mejor.

Hay historias positivas, negativas y neutras, pero lo que quizá tú no sabías es que todas son muy útiles para vender, hasta las negativas, aunque no lo creas, y pronto te lo demostraré. Mira este gráfico:

**Proceso de acción/decisión**
**VENTA DE CASA A MUJER CON NIÑOS DE 6 Y 10**

No hay nada más efectivo que una historia negativa para llamar la atención de tu público. Tienes que contar algo muy malo, algo que hasta ayer, antes de leer este libro, pensabas que nunca deberías mencionar a tus clientes si querías tener alguna oportunidad de vender. En neuroventas tienes que decirlo, pero entendiendo que es un riesgo calculado para conseguir un objetivo.

Supongamos que tú vendes espacios publicitarios en revistas. Puedes empezar tu proceso de venta diciéndole al posible comprador: «Mire, lo primero que usted debe saber es que muchas revistas están desapareciendo en todo el mundo, esa es la realidad. Aunque las mejores revistas han crecido y siguen haciéndolo, las malas desaparecen muy rápido por el acceso masivo a internet». ¡Quién iba a pensar que le dirías algo así a un cliente!

Cuando yo he capacitado a políticos honestos, que son muy raros y por eso lo hago poco, les enseño que lo primero que tienen que hacer es aceptar los errores de su gobierno. Porque, si no reconocen primero sus errores, nadie creerá sus aciertos.

Si el ministro de Trabajo, por ejemplo, quiere promocionar que aumentó el empleo en su país, podría salir y decir: «Señores, sabemos que el problema del empleo sigue siendo muy serio, hubiésemos querido hacer las cosas mejor. Sin embargo, hemos incrementado en un 28 por ciento el nivel de empleo en los últimos dos años». Ahí la gente sí cree y percibe un impacto positivo. Si el tipo hubiera dicho que el empleo está mejor que nunca y este gobierno, por primera vez, ha conseguido el 28 por ciento de crecimiento, nadie habría creído en el logro.

Mientras que las historias negativas provocan atención, las historias positivas generan acción. Si seguimos con el supuesto de que tú eres un vendedor de anuncios publicitarios en revistas, tienes que decirle al comprador: «¿Sabía usted que el cerebro conecta un 30 por ciento más si ve su publicidad en algo impreso en papel que en internet o en algún medio digital?». Por supuesto, la información tiene que ser real, tú ya debes haber hecho los deberes antes y llevar las pruebas para demostrar lo que afirmas.

En ese momento el posible cliente seguramente te dirá: «¡Qué buena historia! ¿Tienes el dato exacto?». Y ahí tú le pasas una copia del artículo donde se descubrió. Esa es una historia positiva, ya te aceptó la idea, no te reemplazará por los medios digitales. Aún mejor, eso genera acción porque entonces te dirá: «¿Cuánto vale tu página?».

Ya vas perfecto, pero todavía tienes que hacer una cosa más para rematar y que saque la chequera. Ahí entra la historia neutra, que justifica la acción. Para ese momento, el posible anunciante ya está pensando: «Pero debo ser muy bruto, mientras todo el mundo está invirtiendo en internet, yo voy a comprarle a esta persona porque dice que el papel... No, no». Y ahí te dice: «Sabes qué, déjame pensarlo, llámame por teléfono el lunes».

Entonces, lo que tú tienes que hacer en la historia neutra es decirle: «Claro que sí, es importante que usted piense muy bien dónde va a invertir su dinero. Si quiere, no le llamo el lunes, sino el martes, pero voy a aprovechar para dejarle este artículo y este otro para demostrarle que al invertir en impresos arriesga menos su dinero». Eso es neutro, listo, adiós; el cliente estará llamando ansioso antes de que se cierre el próximo número de la publicación.

Las ventas se aumentan de esa forma. Yo capacito mucho a empresas que venden publicidad impresa y, tristemente, muchas lo dicen todo al revés en el momento de ofrecer sus productos y servicios. Por eso, cuando el cliente afirma que la publicidad está creciendo más en digital mientras que la impresa cae en picado, ellos no tienen una respuesta estratégica o el contradato, pero eso es porque no lo buscan y no saben cuál es. Con eso asumen, además de una posición de desventaja, una imagen de no estar ni siquiera seguros de la utilidad de lo que venden.

Ahora, te toca a ti practicar con tu producto. Busca historias que te hayan pasado o, si resulta que estás empezando, pregúntale a otros vendedores más experimentados para que te cuenten sus anécdotas. Investiga, recopila información, compara, ten a mano copias de artículos. Todas las historias sirven.

## La escalera emocional de decisión

No importa de qué categoría sea, todo producto debe vender tres cosas: seguridad, confort y placer.

Veamos cómo se aplicaría esto en un ejemplo, continuando con el caso de la venta de anuncios impresos.

**1. Seguridad:** El reptil quiere comprar seguridad, debe saber que su dinero va a estar protegido invirtiendo en un impreso en papel que le dará más recursos para controlar, crecer y dominar.

**2. Confort:** El anunciante debe sentirse cómodo, sin estrés, perder la vulnerabilidad de invertir su dinero en una revista impresa.

**Escalera emocional de decisión**
**VENTA DE COCHE A MUJER CON BEBÉ**

**Fuente**: Adaptado de Patsi Krakoff (writingontheweb.com/2010/11/15/ladder-of-emotional-values-pleasure-reigns/).

**3. Placer:** La persona termina pensando que fue un placer comprar publicidad en esta revista porque gracias a eso lo invitaron a un acto exclusivo y lo hicieron sentirse inteligente.

Todo debe empezar por el lado de la seguridad, para luego dar confort y después llegar al placer. El cerebro siempre busca estas tres cosas y el discurso de neuroventas que carezca de ellas no funciona.

## Racionalidad, hedonismo y simbolismo

Todos los productos deben ir de la racionalidad al hedonismo (a lo placentero) y del hedonismo a lo simbólico. No puede ser mucho de uno, debe ser una mezcla de las tres cosas, es como un viaje que tú vas llevando.

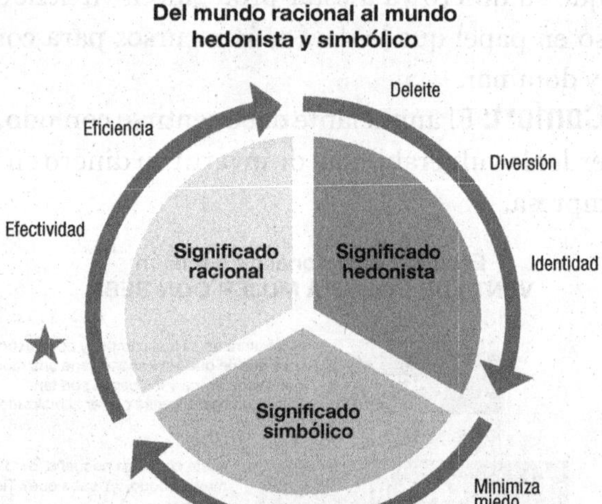


El primer paso es el significado racional de las cosas, cuando empiezas a hablar de la efectividad y la eficiencia de lo que estás vendiendo. Tú eres una persona racional, eres inteligente, pero ya sabes que con solo ese discurso es más complicado vender, entonces tienes que ir llevándolo a un mundo hedonista, metafísico, emocional; las cosas como deleite, diversión e identidad.

Seguramente alguien me va a preguntar: «Oye, yo vendo válvulas industriales, ¿de dónde saco lo placentero?». Puedes decirle al cliente, por ejemplo, que si compra tu producto, gracias a que falla menos, todo marchará mejor y no van a interrumpir su descanso para anunciarle problemas. Seguro que esto impactará positivamente porque tú sabes que, cada vez que fallan las máquinas, hay un caos en la empresa y alguien tiene que dejar su partido de fútbol para ir a organizar el arreglo de la válvula.

Entonces, en ese caso estás vendiendo placer a través del deleite que genera estar tranquilo y no estresado; por eso es importante entender el mundo hedonista y, como veremos más adelante, el significado simbólico. Lo interesante de esto es que cubre carencias y aumenta la autoestima, haciendo que el cliente se sienta inteligente y orgulloso de sí mismo, además de minimizar sus temores.

## ¿El miedo hace que compres?

Esto es algo muy importante para tener en cuenta: todo lo que compramos en la vida sirve para reducir de alguna forma nuestros niveles de miedo. Es algo lamentable, pero cuanto más temor tienes, más consumista eres. Y esa es la realidad porque los bienes materiales se han creado para ir cubriendo inseguridades y vacíos que se generan a través de diferentes momentos de nuestra vida.

Por eso es que, a medida que las sociedades van perdiendo parte de sus valores fundamentales, las personas se vuelven progresivamente más consumistas, pues los bienes ayudan a llenar esos vacíos que se generan. Entonces, hay que vender productos buenos que cambien y mejoren la vida, generando valor al ser humano. Hay demasiadas cosas con las que no vale la pena comerciar porque solo hacen daño a las personas.

Piensa en algo que te parezca que no se compra por miedo. Por ejemplo, el otro día un chico me dijo: «Cacahuetes en un supermercado». ¿Sabes cuál es el temor ahí? Perder energía. Los cacahuetes se han convertido en un alimento barato, rico, fácil de conseguir y lleno de energía. Lo compras por hambre, pero también por miedo a perder energía; si fuera solo por apetito, podrías escoger pan o galletas.

¿Un pastel de chocolate? El miedo de no seguir disfrutando de la vida. ¿Un chicle? El miedo a que la gente no te acepte porque la boca te huele mal.

**Los miedos generan vacíos y carencias en la vida del ser humano y lo que buscamos es proveedores, productos y marcas que llenen esos huecos.** Ø

Por eso, mientras más espiritual te vuelves, menos cosas necesitas comprar. La gente espiritual pierde los miedos.

Los estadounidenses pueden ser muy maquiavélicos en ocasiones: a su sociedad le inyectan miedo a propósito para que consuma más, y eso es terrible; eso no son neuroventas, es una burda manipulación, que para muchos de nosotros es antiético y está muy mal visto.

Si tú eres un buen vendedor, no debes generar miedos que lleven al consumidor a comprarte para mitigarlos. Por el contrario, tu objetivo es conocer los temores existentes en tu futuro cliente para que seas tú quien le dé la solución. Y esa es una parte bonita del proceso porque las marcas que son honestas cubren las inseguridades y las necesidades de los seres humanos, protegiéndolos y cuidándolos.

Hace años me tocó ver un caso en el que queda muy claro cómo se puede generar un miedo dentro de una sociedad de alto consumo. Resulta que entré en una tienda de Apple y escuché a un niñito decirle a su papá: «Si no me compras un iPod, me muero». Yo me asombré porque me parecía increíble que un pequeño de solo unos ocho años dijera eso. Pero luego me di cuenta de que, en realidad, todos sus amigos y compañeros de clase tenían un iPod y él no.

Peor aún, el padre le respondió: «Si ya te compré uno igual, ¿para qué quieres el original?». Entonces, todo quedó claro: además del miedo a la desaprobación social por no estar a la moda, el padre alimentó el temor de su hijo y lo expuso a ser criticado por sus amigos por usar uno falso. Ya sabemos que, a esa edad, los niños pueden ser realmente muy crueles entre ellos.

Lo importante es que siempre te hagas la pregunta: ¿cuáles son los miedos que traen consigo mis posibles clientes cuando llegan a comprar? Los temores pueden jugar a favor y en contra en todos los procesos de venta, por eso tienes que estudiarlos y analizarlos para saber qué decir y qué hacer, con el fin de minimizar esas inquietudes y conseguir buenos resultados.

Mira este otro caso, en donde se logra un manejo adecuado del tema de los miedos del cliente, armonizado con otras estrategias de neuroventas. Un vendedor de anuncios en televisión le dice al cliente: «Voy a ser honesto, tú y yo sabemos que los jóvenes están viendo cada vez menos televisión [argumento negativo que provoca atención, pero como es honesto genera emoción positiva]. Pero cuando la ven, realmente prestan muchísima atención cuando las celebridades se vinculan con el producto. Entonces, yo te recomiendo que, en vez de comprarme anuncios regulares, mejor me pagues una cantidad un poco mayor, para que yo consiga que una estrella famosa salga con tu producto y lo muestre en el programa de mayor éxito».

El cliente tiene miedo de gastarse 200.000 dólares y que después no venda nada, pero le están minimizando su miedo porque le dan una forma honesta y lógica de aumentar las garantías de un buen resultado.

Si no conoces los miedos de tus clientes, es muy probable que jueguen en tu contra y sean uno de los principales obstáculos frente a cualquier intento de persuasión que hagas, bloqueando la decisión de compra. En cambio, si sabes cuáles son, serán la herramienta a través de la cual podrás acercarte de manera comprensiva y empática a tu consumidor. Será tu oportunidad de neutralizar malas experiencias y generar nuevas conexiones entre el comprador y la categoría. Además, te ayudará a conseguir algo que cubra su necesidad real.

**Ejercicio práctico**

Completa la frase y descubre por qué compras:

- Los hombres compran coches por miedo a ______________________________
- Las mujeres compran ropa por miedo a ______________________________
- El deportista compra la mejor ropa deportiva por miedo a ______________________________
- El ingeniero compra un ordenador por miedo a ______________________________
- El paciente busca al mejor especialista por miedo a ______________________________
- Tú compras libros por miedo a ______________________________
- Tú pagas la matrícula del mejor club por miedo a ______________________________
- Tú compras un piso en la mejor zona de la ciudad por miedo a ______________________________

# IV

# EL VALOR SIMBÓLICO

**«Las cosas valen más**
# por lo que significan
**que por lo que son.»**

**Gabriel García Márquez**

En Mindcode empezamos a decir esa frase en 2004 porque nos dimos cuenta de lo poderoso que era entender que tenemos pensamiento simbólico. ¿Qué significa eso? Nuestro cerebro se conecta más a los símbolos que a cualquier otra cosa.

Por supuesto, los vendedores tradicionales rara vez se preguntan cuál es el significado de lo que venden. Y tú, ¿sabes cuál es el valor simbólico de tu producto o servicio?

## Del reptil biológico al valor simbólico

¿Sabes por qué los padres y las madres odian los juegos electrónicos? Simplemente porque su reptil detesta ver que su hijo está cuatro o cinco horas sentado en el mismo sitio. Su instinto está diciendo: «Si tu hijo no se mueve, está muerto». Entonces los obligan a salir al jardín o al parque para que hagan alguna actividad física. La Wii la compramos los padres porque nos hace sentir que nuestro hijo está vivo al obligarlo a moverse para jugar. Eso es entender cómo funciona el reptil.

Sin embargo, el valor simbólico de la Wii es: «Soy un buen padre o madre porque promuevo la diversión sana».

A veces puede ser difícil identificar el valor simbólico de lo que vendes, pero es importante hacerlo porque transforma el proceso de venta y tu discurso, haciéndolo visiblemente más exitoso.

Te voy a contar un poquito cómo se va descubriendo el valor simbólico y de dónde sale. Si te fijas en la siguiente figura, hay cuatro conceptos que hacen que tomes una decisión.

**Las decisiones también son simbólicas**

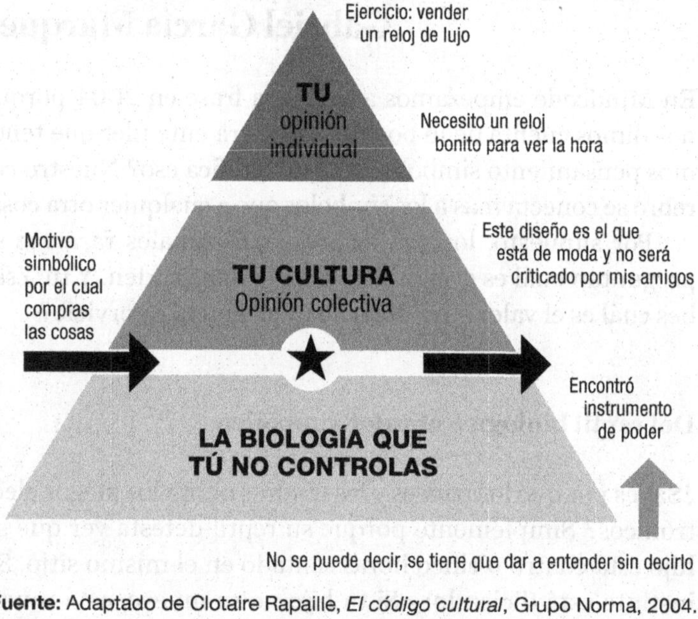


**Fuente:** Adaptado de Clotaire Rapaille, *El código cultural*, Grupo Norma, 2004.

**1. Tu opinión individual:** Se trata de tus juicios y posiciones frente a un tema, que no tienen por qué estar en consenso con lo que piensan otras personas. La información que se obtiene en este punto es interesante. Sí, pero es la menos importante de las cuatro variables. Como ya te había explicado, no solemos saber por qué compramos algo, ni las razones para que nos resulte interesante, por tanto la aportación de la opinión individual a duras penas alcanza un 15 por ciento en todo el proceso de decisión.

**2. Tu cultura:** Eso sí nos interesa más. Te debe importar saber qué significa el producto en la región donde trabajas. «Seguro de vida» no significa lo mismo en Venezuela que en Estados Unidos. En Venezuela: si me muero, pelearán por él, y en Estados Unidos es resguardo. La cultura va cambiando nuestra percepción de las cosas, los productos y hasta las marcas porque es un conjunto de conocimientos, significados y aprendizajes que desarrollan nuestro juicio hacia las cosas. Representa aproximadamente el 30 por ciento en el proceso de decisión.

**3. Tu biología:** Nos permite entender que, en las cosas fundamentales, todos somos iguales. No importa si eres peruano, sueco, chino o nigeriano, todos queremos una cueva. ¿Cómo la quieres? Eso depende de la cultura o de tus gustos individuales, pero todos queremos un techo sobre nuestras cabezas. Yo no te conozco, pero sé muchas cosas sobre ti porque simplemente las comparto contigo por ser miembros de la misma especie. Sé que te gusta controlar, te gusta explorar, te gusta el placer, te gusta el sexo. Y si no es así es porque tuviste un problema, pero a una persona normal, cuya edad mental sea menor de cincuenta años en los hombres y menor de treinta y cinco en las mujeres, le tiene que gustar. Entonces, si yo no te conozco, pero tengo que venderte algo, lo más fácil y seguro es venderle a tu biología, en eso no me tienes que contar cómo eres, en eso todos los seres humanos somos iguales. Por eso es que uno puede aprender a vender leyendo más de biología que de marketing. La biología nos enseña cómo se comportan los animales y los seres humanos. Somos igual de bestias en la toma de decisiones porque somos sumamente primitivos. Ese es el 55 por ciento del proceso de decisión, es el «reptilote», nuestra parte biológica.

**4. Valor simbólico:** Mira qué interesante, entre la biología y la cultura, en el medio, se da algo mágico que se llama *código simbólico*. Es transversal y es la mezcla de tu necesidad biológica con tu cultura. Esa es la ecuación que dicta tus preferencias. Uno compra y paga más por algo que tenga valor simbólico. El cerebro quiere comprar un bien o un servicio que signifique algo para él, entonces necesitamos encontrar el valor simbólico de nuestros productos para vender más. El mundo simbólico es el más poderoso, es el que minimiza el miedo, el orgullo, el estatus y cubre las carencias. Entonces, cuando logras llegar a la parte simbólica es cuando generas una conexión emocional absoluta con el comprador y el precio deja de ser importante.

Ahora, te pregunto nuevamente: ¿cuál es el valor simbólico de lo que vendes? Te voy a ayudar a encontrarlo mediante algunos ejemplos que han surgido durante mis talleres. Como siempre, algunos productos o servicios tienen más de un significado y es bueno analizarlos todos, pero siempre hay que apelar al más instintivo y poderoso, el que moviliza más.

Así tenemos, por ejemplo, que el valor simbólico más común para los envases de vidrio ha sido tradicionalmente la pureza. Pero hay un significado que ahora mismo podría ser más poderoso: volver a las bases. La gente hoy está comprando menos productos en envases de plástico y más en frascos de vidrio porque se ha satanizado tanto el PET que el vidrio significa cuidar el planeta, el pasado, la moda *vintage*, el recuerdo de la abuela. Todo eso es el valor simbólico actualizado.

Por eso, la industria del vidrio, que hasta hace diez años estaba a la baja, en los últimos años ha tenido un crecimiento sostenido increíble en todo el mundo. ¿Por qué? Porque cambió el valor simbólico del producto. Lo simbólico es lo más poderoso, pero varía dependiendo de la cultura en la que te encuentres y de los cambios que se presenten en ella.

¿Cuál es el valor simbólico de vender seis metros cuadrados en un cementerio? Tranquilidad. La familia se asegura un descanso eterno digno. ¿Y el código simbólico de los servicios de paquetes vacacionales? Construir recuerdos para la familia. El negocio es vender recuerdos, no viajes o vacaciones. Para que, cuando estés muerto, alguien diga: «Ay, te acuerdas cuando papá nos llevó a China». Uno se apega inconscientemente al valor simbólico, siempre nos persuade.

Yo te estoy mostrando modelos, ojo, no te estoy dando recetas. Por ejemplo, recurriendo de nuevo a un ejemplo clásico, ¿cuál es el valor simbólico de las joyas?, ¿por qué crees que a muchas mujeres les encantan los diamantes?

Fíjate, esto es muy interesante y nos lleva, una vez más, a valorar la importancia del cerebro reptiliano: si eres mujer, las joyas te sirven para sobrevivir y ese es su principal valor simbólico. Si tu proveedor te dejó y se fue con otra, lo único que te queda de forma inmediata son las joyas, tan sencillo como eso. Las alhajas son de la mujer, todo lo demás es debatible.

¿Y sabes por qué los hombres regalan joyas a las mujeres? Eso no es menos interesante: porque son unos miedosos y así anuncian a los demás: «Esta mujer es mía y no la toques». Ese es el principio simbólico de un anillo de compromiso: reservar a tu mujer.

Te voy a contar una historia para que entiendas mejor el valor simbólico de las joyas y, de paso, el significado del anillo de compromiso, que es mucho más importante que su valor real.

Resulta que un amigo se iba a casar y tenía que comprar el dichoso anillo de compromiso. No podía ir a ningún otro lugar más que a Tiffany, pues sabía cuáles eran las expectativas de su prometida. Para que tengas una idea, el anillo de compromiso más barato en Tiffany cuesta 10.000 dólares, por lo que obviamente muy poca gente puede comprarlo. La vendedora le sugería que lo mejor sería que comprara uno de 20.000 dólares; yo le aconsejé que no comprara nada en ese momento y que saliéramos de la tienda.

Lo primero que hicimos después fue investigar sobre el tema y descubrimos que hay un mercado impresionante de joyas Tiffany de segunda mano, donde se ofrecen todos los anillos de las mujeres que se divorciaron o no llegaron a casarse. El mismo modelo de joya, que de repente ni lo han llegado a usar, cuesta la mitad. Pero es complicado comprar un anillo de compromiso usado, te meterás en problemas con tu prometida.

Luego, buscamos otras marcas y otras joyerías. Sorprendentemente, te vendían el mismo modelo, hasta con una mejor piedra, y costaba la mitad, pero, claro, no te lo ponían en la clásica «caja azul Tiffany», cuyo nombre y diseño incluso están registrados.

Llegamos a concluir que una joya Tiffany está *descomoditizada* únicamente porque está metida en una caja turquesa y, cuando la ve, la mujer empieza a temblar, literalmente. Entonces hay que pagar 5.000 dólares para que ella se emocione al ver la caja turquesa, que por cierto es la caja más cara del mundo. Y si luego su matrimonio fracasa, ella probablemente lo venderá para sobrevivir.

¿Sabes qué pasa cuando los millonarios se divorcian? Lo

primero que desaparece del mapa son las joyas, y estamos hablando de gente que puede tener más de un millón de dólares en alhajas en la caja de seguridad de un banco. Entonces, la primera demanda en el juicio de divorcio es del esposo, diciéndole a la esposa que le devuelva el oro y las piedras preciosas de la familia.

Las mujeres, después de los treinta y cinco años, empiezan a desear más y más joyas. Yo hice este estudio con chicas menores de treinta años y no les interesaban. Una muchacha de veinticinco años se puede comprar bisutería y no pasa nada, son accesorios para verse más bonita. Pero tú le regalas a tu esposa de cuarenta y ocho años un diamante y se derrite porque sabe inconscientemente que es un instrumento de supervivencia para cuando el proveedor se muera o se vaya.

Lo mismo pasa con los hombres y los relojes finos. Primero apelan a la racionalidad, la opinión individual, y se dicen que necesitan un reloj bonito para ver la hora. Y después de ver varios modelos, piensan que tienen que escoger uno que esté de moda y pueda ser admirado por sus amigos, entonces el proceso ya está volviéndose emocional y cultural. Luego, ven el Rolex y no hay más vueltas que darle, han encontrado un instrumento de poder, que además pueden vender si les va mal en los negocios.

**Entonces los hombres no compramos un simple reloj, compramos un instrumento de admiración, de dominación y de supervivencia.**

Cambiando de sector, el valor simbólico de las revistas hoy en día es que son especializadas. No sé si sabes que, a pesar de la desaparición de cientos o miles de revistas en el mundo, han surgido muchas publicaciones nuevas y son todo un éxito.

Hoy la gente está agotada de tanta información y no quiere buscar todo el día en Google para encontrar lo que le interesa. Entonces, para ser exitosas, las revistas deben tener claras dos cosas: identificar a qué tribu le están hablando y desarrollar un excelente contenido.

Vayamos a otra parcela diferente: las vitaminas. Precisamente, acabo de descubrir cómo vender vitamina C a las madres: solo debes mencionar que si su hijo toma una pastilla es como si estuviera comiendo doscientas naranjas, no se necesita más. La analogía hizo la neuroventa.

«Oye, Jürgen, pero ¿cómo le decimos eso a miles de personas?» Haz un anuncio de televisión. «¿Y cómo le decimos eso a una mujer que llega a una farmacia y hay veinte marcas que valen la mitad?» Pues muy sencillo: pones una canasta con doscientas naranjas y tu logotipo encima, con un cartel que diga que una sola pastilla de tu marca equivale al aporte de vitamina C de todas esas naranjas juntas.

El cerebro es básico. Tienes que entender que cuanto más básica y sencilla es la comunicación, más efectiva puede resultar.

Si te fijas, lo que le dijimos a las madres fue: «Tú le puedes dar zumo de naranja a tu hijo toda la vida y eso no le aportará suficiente vitamina C, mientras que en una de estas pastillas hay como doscientas naranjas, que jamás va a poder comerse juntas. Gracias a la vitamina C, tu hijo no enfermará y va a ser fuerte para sobrevivir». Al fin y al cabo, si el hijo vive, ella trasciende.

Esa es la teoría del gen egoísta, divulgada por Richard Dawkins en el mejor libro sobre etología que he leído. Ahí se explica claramente que todo lo que el ser humano hace en la vida es para sí mismo, no es por nadie más. Y si tú dices que no, que trabajas y vives por tus hijos y por ellos darías la vida, la respuesta etológica es que no es cierto, que tú les das todo a tus hijos porque inconscientemente sabes que cuando tengas ochenta años necesitarás a alguien que te lleve de comer, te cuide y te proteja.

Si esto no es cierto, ¿por qué muchos padres y madres valoran tanto tener al menos una hija? Muchas abuelas y abuelos no dudan en decir que ojalá su nuevo nieto sea una mujercita porque ya tienen tres hombrecitos, como si los varones fueran unos demonios. O dicen: «Qué lástima, fulanita no tiene ninguna hija». ¿Qué están diciendo en realidad? Según la teoría de Dawkins, el no tener hijas les hace temer quedarse solos cuando sean ancianos.

Los hombres, siguiendo con el ejemplo, son unos reptilotes exploradores, que se pasan la vida en movimiento y rara vez paran. No es tan fácil detenerlos por su madre anciana y enferma, y menos cuando tienen una hermana que está todo el día con ella. La mujer, por lo general, sí se inmoviliza y deja todo para atender a su ser querido, pero el hombre sigue caminando. Llega, ve a su madre y se va de nuevo.

Todo esto del valor simbólico y el reptil no se lo debes decir al posible cliente porque no lo va a comprender; solo tienes que entenderlo para actuar en consecuencia. Tú no puedes decirle a una persona: «Regálale un diamante a tu esposa esta Navidad para que ella se sienta segura, por si tú te mueres o te vas con una mujer más joven».

No, no puedes verbalizar eso, lo que sí puedes es decirle a una señora: «¿Alguna vez se ha puesto a pensar que las joyas de oro y los diamantes pueden ser una excelente inversión?». Sí, suena racional, pero el cerebro no está escuchando la racionalidad, está escuchando la emoción y el instinto: «Joya, seguridad, inversión, me veo hermosa, genero envidia en mis amigas y, además, si pasa algo, la vendo». Entonces, la verdad es que así sí se pueden generar ventas. Ya no estás ofreciendo joyas, estás vendiendo supervivencia y el cerebro la compra. Los hombres, en cambio, gastan miles y miles de dólares en coches y teléfonos móviles para tener dominación sobre sus amigos. Hoy, el móvil es como la espada en la antigüedad, nos ayuda a dominar. Por eso a cada rato estamos cambiando de aparato, ya no nos gusta este, ya queremos el siguiente y en muchas ocasiones nos sentimos mal si no podemos comprarnos el último iPhone o Galaxy.

## VALOR SIMBÓLICO VERSUS PRECIO

**El vendedor que piensa que un precio bajo es lo más importante para vender no conoce el valor simbólico de las cosas.**

Este es el error más terrible que puedes cometer. En realidad, son los mediocres los que se encuentran frente a un buen producto o servicio e insisten todo el tiempo en que el precio es lo más importante y en que si no venden más barato no van a llegar a la meta.

De hecho, cuando en realidad cuentas con un precio inferior, te puedes ver más bien enfrentado a una serie de problemas relacionados con la credibilidad, así que más vale que empieces a adoptar la estrategia fundamentada en el valor simbólico.

Si la diferencia de precio es de un 35 o un 40 por ciento más, sí se convierte en un problema, pero hoy no estamos hablando de eso, sino de un margen de entre un 3 y un 8 por ciento.

El precio siempre será un escollo para el vendedor que no entiende los valores simbólicos y no sabe conectar con la mente humana. No existe en todo el mundo una marca que se haya convertido en líder por vender barato. Todas las grandes marcas tienen una característica común: son caras y muy rara vez hacen descuentos, si no pregúntale a Coca-Cola.

Ojo, Walmart e Ikea, por ejemplo, parecen los más económicos, pero no lo son y no alcanzaron su liderazgo usando precios bajos, sino la percepción de que venden más barato, que es muy diferente. Pero hay que construir esto en la mente de la gente. Si tú crees que la mejor manera de aumentar las ventas es bajando el precio, te vas a matar solo.

Volviendo al ejemplo del anillo de compromiso, ¿cómo sabemos que muchas mujeres valoran tanto un anillo comprado en Tiffany o en cualquier otra joyería prestigiosa? Pues porque el valor simbólico de esa joya precisamente es brutal.

Algunos hombres quizá no lo entiendan, pero, cuando una mujer recibe un anillo de compromiso, su cerebro detecta ante todo el valor simbólico, establece que está viviendo una situación placentera y su cerebro empieza a liberar una cantidad enorme de neurotransmisores que hacen que su corazón empiece a palpitar más rápido.

Ella dice: «Este es el día más feliz de mi vida». Pero, curiosamente, no existe una mujer que reciba un hermoso anillo de compromiso y no pregunte: «Mi amor, ¿dónde lo compraste?». Eso es algo muy singular, pues los hombres no solemos interesarnos por dónde se compró algo, no nos importa tanto como a ellas.

Pero las mujeres prestan más atención a las acciones simbólicas y para ellas es importante saber de dónde viene el anillo. Y el protagonista de este ejemplo, como está en un proceso de amor romántico, cree que tiene que ser siempre honesto con su futura esposa y le dice: «Lo compré en un centro comercial, en Walmart, porque estaba superrebajado».

No lo hizo por bruto, ni porque fuera mala gente o mal novio, ni por nada por el estilo. Simplemente lo hizo porque él y su máxima racionalidad pensaron que, si compraba el anillo en Walmart, podía conseguir un diamante mejor, pero a un precio diez veces menor. Negocio redondo, pensó.

Lo primero que debería aprender el protagonista de este ejemplo es la importancia del significado simbólico, en este caso de un anillo comprado en una joyería exclusiva. Se metió en un gran problema porque su novia estuvo a punto de no querer casarse, pese a que el anillo era el mismo que a

ella le había encantado al principio. Se sentía totalmente ultrajada. El producto no cambió, pero sí lo hizo el significado simbólico.

Entonces, te dejo una pequeña tarea: ponte a pensar y pregúntate qué está comprando la gente con tu producto, qué significado simbólico le encuentra, qué quiere la gente de ti.

### Memorias y percepciones

Cuando uno se introduce en el mundo de las neurociencias se da cuenta de que

**no existe lo bueno o lo malo por sí mismo, solo es la conclusión de tus memorias y percepciones creadas.**

Simplemente hay diferentes memorias que clasifican la información de distintas maneras, entre ellas en categorías de lo bueno y lo malo.

Algunas personas pueden sentirse fuertemente atraídas por alguien al que otras no soportarán. Hay que preguntarse por qué. Y una de las maneras de descubrirlo es explorando nuestros propios bancos de memoria. Si nos encanta esa persona, quizá se deba a que nos recuerda a alguien a quien queremos o hemos querido mucho, de manera que evocamos un recuerdo placentero. En cambio, si sentimos rechazo, puede deberse a que nos hace rememorar algún hecho doloroso o desagradable de nuestra vida.

Por tanto, las cosas no son buenas o malas, y esto hay que entenderlo, porque en el mundo de las ventas, cuando un posible comprador comienza de repente a decirte «pero yo he escuchado que no es tan buen producto», tienes que preguntar dónde lo escuchó y qué le dijeron exactamente. Gracias a las neuroventas, podrás darle la vuelta a la situación.

Pero, ojo, no se puede hacer milagros. Si la situación es muy seria, si el problema es que la impronta y el recuerdo generan una emoción demasiado negativa porque de hecho hubo una experiencia completamente nefasta, olvídalo, mejor dedícate a vender otra cosa porque ese producto en definitiva va a ser un fracaso en todos los que ya han vivido estas experiencias y han hecho tales asociaciones.

## ¿Cómo modificar una percepción creada?

Dependiendo tanto de la profundidad de la emoción provocada como de las características de la experiencia del pasado, modificar una percepción puede ser muy fácil o muy difícil. Te voy a poner un ejemplo de una estrategia sumamente básica y rudimentaria, pero muy poderosa para cambiar las percepciones de nuestros consumidores dependiendo de la situación.

Este es un caso real, en el cual yo tenía el reto de aumentar las ventas de la marca de bicicletas Trek. Los números empeoraban porque todo el mundo decía que las mejores bicicletas eran las de su competencia, Specialized, pero estudié la industria y llegué a la conclusión de que no eran mejores: ambas eran iguales.

Me pregunté por qué la gente percibía que la bicicleta Specialized era mejor que la Trek. Y descubrí que la idea era que todos los ganadores, de los campeonatos, del Tour de

Francia y de otras competiciones oficiales, usaban bicicletas Specialized. Las percepciones son realidades en el mundo de las ventas; si eso es lo que el público cree, tienes que entender que para este es la verdad.

Sin embargo, no era tan cierto. Specialized patrocinaba a pocos campeones de ciclismo en el mundo, pero existía una diferencia: esta marca ganaba uno y contaba tres, Trek ganaba tres y contaba uno.

Así se generó la percepción de que los grandes corredores de bicicleta, fueran de montaña o de ruta, usaban Specialized, y eso hizo que las ventas de Trek se hundieran. Como no teníamos mucho dinero para reactivarlas con una gran campaña publicitaria, se me ocurrió un truco viejo, pero efectivo.

Hice comprar cuatro pizarras de corcho, las pegamos en una pared de la tienda y les dije a los vendedores que, de ahí en adelante, tras cada frase negativa que escucharan acerca de la marca Trek, se iban a encargar de encontrar un artículo positivo sobre la marca en una revista especializada, en un periódico o en internet, lo iban a imprimir y luego a pegar en ese tablón de corcho.

Después, cuando estuvo listo, le expliqué a cada vendedor: «Siempre que alguien entre en la tienda y te diga algo malo de Trek, tú vas a sacar el impreso, se lo pones en la mano, haces que lo vea y luego vas a sacarle una copia y se la regalas para que la lea con tranquilidad en su casa». Así, uno por uno, íbamos a cambiar la percepción negativa de nuestro producto.

Este famoso tablón de objeciones se convirtió en una estrategia y una herramienta de neuroventas que ha cambiado la realidad de muchas tiendas y empresas.

Por ejemplo, supe el caso de la dueña de un salón de belleza que quería vender más tintes para el pelo, pues en ese momento las clientas acudían solo para hacerse cortes de pelo. Se hizo un corcho dedicado al tinte, con las novedades y todo lo que pueda interesar a una mujer. Las señoras llegaban, se acercaban a la pizarra para ver lo que estaba de moda y terminaban diciendo que querían que les tintaran el cabello, igual que en el artículo. Al final, tuvo un 35 por ciento de aumento en las ventas.

De igual manera, esta estrategia se usó en automóviles y hubo un 25 por ciento de aumento en las ventas de un modelo rezagado; en librerías, con un 21 por ciento de incremento en la venta de textos especializados; y en bicicletas subieron un 12 por ciento las ventas generales de todas las tiendas de la marca. Eso es mucho dinero y, sin embargo, se gastaron menos de doscientos dólares en hacer el corcho de objeciones.

Cuando sabes cómo funciona el cerebro puedes revertir sus percepciones, pero necesitas herramientas que sean un excelente instrumento de neuroventas, las cuales te cuestan casi nada y te pueden funcionar en todas las categorías.

Y si alguien me dice que no puede preparar el corcho porque vende servicios de tratamiento de residuos y va a visitar a sus clientes con su cartera, entonces puede llevarse una carpeta llena de artículos sobre la gente que se está haciendo millonaria reciclando basura en Alemania, en Italia, en Corea, y cada texto que le sirva para hacer comprender la magnitud del impacto de este negocio. Mientras habla con el potencial cliente, le regala copias de cada artículo. Con esto, el argumento no sale del vendedor, sino que llega a la persona a través de un medio oficial, por eso tiene tanto poder y genera un cambio de percepción.

Si el mismo dato sale de tu boca, la gente no te cree. Dale el impreso, que lo toque, que se lo lleve para leerlo el fin de semana en su casa, y así quedará convencido.

## Error y fidelización

# Un error bien atendido ES LA MEJOR OPORTUNIDAD para fidelizar a un cliente.

Cuando una persona vende algo y falla, ese es el principio del fracaso o de la fidelidad absoluta. Solo tenemos que entender que los vendedores debemos aprovecharnos de las malas situaciones y de los grandes problemas, viendo siempre en ellas una oportunidad.

El cerebro está acostumbrado a ser abandonado en un problema importante. El cliente que va a reclamar piensa: «Me van a mandar al diablo, no me van a devolver el dinero, he metido la pata con este televisor que no funciona». Él está listo para enfrentarse a ti, no trae los guantes puestos porque está esperando a que digas algo para ponérselos.

Después de escucharlo atentamente, tienes que decir algo como esto: «Mire, señor, mi última intención era decepcionarlo. Usted tiene toda la razón. ¿Cómo quiere que sea su televisor? Perfecto, ese aparato vale un poquito más, pero ahora mismo hablo con el gerente y le consigo un 15% de descuento, le sale casi igual, pero se lleva el televisor porque yo quiero que se vaya contento».

En ese momento, ese cliente te va a comprar su siguiente televisor, y te llevará a su primo, a su hermana y a su cuñado para que te compren a ti su nuevo televisor. Siempre volvemos con los vendedores que nos demuestran ser nobles e inteligentes cuando fallaron.

# V

# VEINTE NEUROCONSEJOS PARA VENDER MEJOR

# 20

## NEUROCONSEJO UNO: BUSCA EL CÓDIGO SIMBÓLICO DE TU PRODUCTO Y ADÁPTATE

Antes de empezar a vender algo, tienes que buscar y conocer perfectamente el código simbólico de tu producto: qué vendes y qué compra la gente, hay una gran diferencia. El valor simbólico es el motivo real, es el imán, el por qué la gente compra algo. Descúbrelo y empieza a utilizarlo a tu favor.

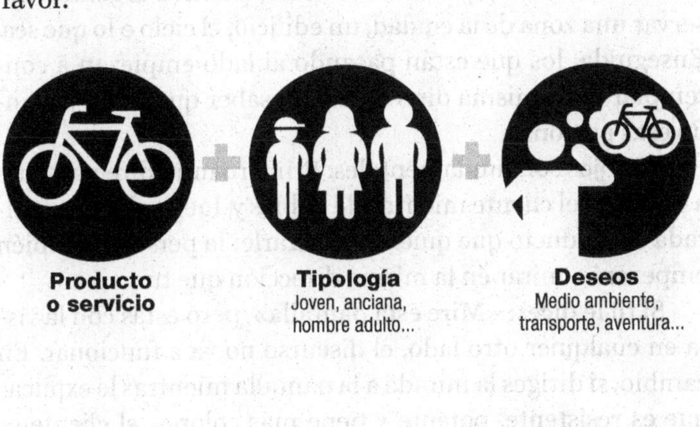

## NEUROCONSEJO DOS: VENDE A LA MENTE, NO A LA GENTE

¿Qué significa esto? La gente no tiene la menor idea de qué quiere comprar, como ya te expliqué antes. Un buen vendedor puede cambiar radicalmente la decisión del 75 por ciento de los compradores en menos de treinta minutos. Y esa es la prueba de que la gente que llega a un establecimiento comercial no tiene idea de lo que quiere o necesita.

El cliente cree saber lo que quiere adquirir, pero está ávido de que tú le digas qué debe comprar. Un gran vendedor le tiene que decir a la gente qué le conviene y plantearle los tres escenarios emocionales para que decida con su pequeña racionalidad.

## NEUROCONSEJO TRES: USA LOS OJOS Y EL CUERPO PARA COMUNICAR

Si yo me pongo delante de un grupo de personas y empiezo a observar el cielo, ten por seguro que todos los demás van a mirar hacia arriba también. Lo primero que hace el cerebro es detectar los ojos del otro y luego seguir su mirada.

Se han hecho experimentos donde ponen a la gente a observar una zona de la ciudad, un edificio, el cielo o lo que sea. Enseguida, los que están pasando al lado empiezan a contemplar en la misma dirección para saber qué están mirando esas personas.

Los ojos son fundamentales. Primero mira directamente a los ojos del cliente mientras le hablas y, luego, dirige tu mirada al producto que quieres mostrarle; la persona también empezará a mirar en la misma dirección que tú.

Si tú le dices: «Mire esta pantalla», pero estás con la vista en cualquier otro lado, el discurso no va a funcionar. En cambio, si diriges la mirada a la pantalla mientras le explicas que es resistente, potente y tiene más colores, el cliente se quedará pegado observando todas esas características. Tus ojos establecen la conexión contigo y con el producto.

Y qué puedo decirte del cuerpo: es un instrumento fundamental en la comunicación, el más importante de todos porque el ser humano verbaliza desde hace relativamente poco tiempo, pero el cuerpo lleva hablando millones de años.

Cuando te comunicas con la mente, debes considerar ante todo el lenguaje corporal que usas. Está demostrado científicamente que, en un proceso de comunicación, el 55 por ciento es lenguaje corporal; el 38 por ciento, la entonación con la que hablas; y solo el 7 por ciento, el discurso verbal.

**¿Qué influencia más a tu cerebro?**

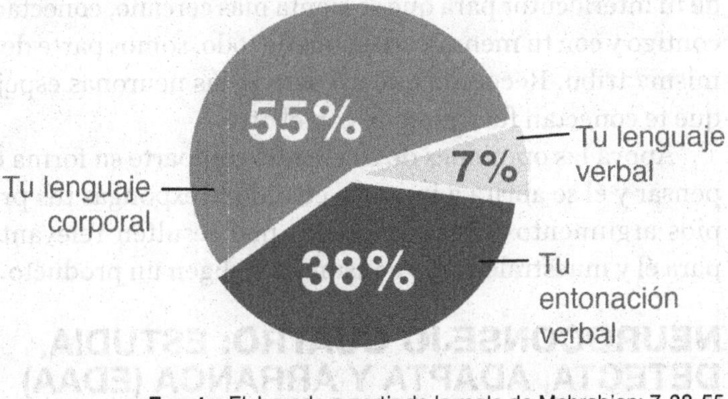


**Fuente:** Elaborado a partir de la regla de Mehrabian: 7-38-55.

Esta es la fórmula 7-38-55 de Albert Mehrabian, que se dio a conocer en 1967 y que nosotros hemos validado científicamente hasta saber con exactitud su proporción.

He visto que hay vendedores que están atendiendo a sus clientes con los brazos cruzados. Así, mientras con la boca les dicen «Buenos días, ¿qué desea?», por ejemplo, con el cuerpo les están comunicando que no tienen ni el más mínimo interés en lo que van a responder. Entonces, el cerebro del posible comprador lo sabe y se cierra a la venta.

Luego, está tu entonación: verbalmente yo te puedo decir «eres brillante», pero, dependiendo del tono con el que lo diga, puede que tú quieras darme las gracias o golpearme. Entonces, realmente el tono que usas hace que tu cerebro se conecte o no a las palabras y a los mensajes.

Recuerda siempre que tus palabras solo significan el 7 por ciento de la venta. Los vendedores tradicionales creen que su discurso representa el 93 por ciento de las ventas, por eso hablan y hablan, descuidando todos los demás elementos, hasta que el cerebro del cliente se desconecta.

Por otro lado, la conducta de la imitación es una herramienta de adaptación del cerebro y una oportunidad para llegar a tus clientes. Usa el mismo lenguaje verbal y no verbal de tu interlocutor para que se sienta más cercano, conectado contigo y con tu mensaje; después de todo, somos parte de la misma tribu. Recuerda que así activas las neuronas espejo, que te conectan fuertemente con el otro.

Apoya las opiniones de tu cliente, comparte su forma de pensar y él se abrirá a imitarte cuando le expongas tus propios argumentos. Busca modelos que resulten relevantes para él y muéstrale cómo consumen o eligen un producto.

## NEUROCONSEJO CUATRO: ESTUDIA, DETECTA, ADAPTA Y ARRANCA (EDAA)

Con las neurociencias hemos confirmado que tú y yo podemos tener la misma edad, vivir en el mismo edificio, tener hijos de entre siete y diez años, ganar 4.000 dólares cada uno, pero tú y yo no pensamos ni decidimos igual porque mi cerebro y el tuyo han sido expuestos a experiencias totalmente distintas; así de elemental.

Hoy la nueva tendencia va hacia la neurosegmentación. Esto es fascinante. Empieza por el sexo de forma absoluta.

Yo soy hombre y, si tú eres mujer, nuestros cerebros funcionan de forma diferente, por tanto no nos pueden vender con un mismo discurso.

Curiosamente, después de los sesenta y ocho años, las mentes del hombre y la mujer sienten, piensan y reaccionan muy parecido. El hombre se percibe inseguro y temeroso y, por primera vez, a ninguno de los dos les interesa el sexo.

Están luego las edades, cronológicas y mentales, en donde cada una tiene sus propias formas y motivaciones para comprar. El cerebro se estimula de manera diferente y empieza a exigir cosas distintas.

De los cuatro a los diecisite años no las sabemos porque no las estudiamos, no nos interesa conectar los aparatos que utilizamos, como el casco Quasar®, a sus cabecitas; el cerebro está inmaduro antes de los dieciocho años y nuestra tecnología no está calibrada para ellos. Aparte, hay cuestiones éticas y morales, entonces mejor no lo hacemos.

Además de las segmentaciones básicas, en neuroventas se han creado subsegmentaciones. Veamos cómo funciona en el caso del consumidor número uno del mundo, que es la mujer. Bajo la neurosegmentación no hay una mujer, sino dos: la supermujer y la supermamá.

Desde el momento en que una mujer tiene un bebé en el vientre, toma decisiones totalmente distintas respecto a las compras. La supermujer y la supermamá son totalmente diferentes, con independencia de que tengan la misma edad, vivan en el mismo barrio y pertenezcan al mismo nivel socioeconómico.

Mientras que una compra para su propia satisfacción, la otra se olvida de sí misma y quiere gastar todo su dinero en cosas para su hijo.

Como neurovendedor, cuando una persona cruza la puerta de tu tienda, primero tienes que estudiarla, muy rápidamente analiza quién es, con quién viene, cómo habla, cómo se viste, de qué coche se bajó. Ahí ya tienes el 60 por ciento o 70 por ciento de la referencia. Con cuatro preguntas inteligentes que le hagas, ya tienes el 90 por ciento de la información relevante que te interesa conocer sobre tu potencial cliente.

Después pregúntate si se trata de una persona introvertida o extrovertida, dependiendo de eso tu discurso debe cambiar. Ahora, si es introvertida, tú no debes ser igual. Al principio debes empezar tranquilo y poco a poco volverte sociable y afable porque la gente introvertida ama a los extrovertidos, pero hay que saberles llegar.

## NEUROCONSEJO CINCO: ACTIVA SUS EMOCIONES

El ser humano tiene cinco sentidos, todos ellos ávidos de estimulación efectiva. Si tú eres un neurovendedor, lo mejor que te puede pasar es que tu cliente sea pura emoción en el proceso de compra. Te va a desgastar menos y tu discurso será mucho más efectivo. Recientemente, hemos podido probar que, regalando chocolate y agua dentro de un centro comercial, las ventas suben drásticamente.

No sabes cuántos vendedores conozco que siempre tienen chocolates deliciosos en su maletín e invitan a sus posibles clientes. Cuando estás comprando, tu cuerpo segrega dopamina y el consumo de chocolate aumenta la feniletilamina, entonces tenemos una doble fuente de placer para el cerebro, haciendo sentir al individuo indulgencia, facilidad y recompensa.

Una persona con sed no compra, entonces invita a agua a la gente. Más aún, una persona cansada tampoco compra, entonces ofrécele donde sentarse y ofrécele algo para tomar. Una persona adquiere más cuando escucha música y sonidos relacionados con lo que estás vendiendo. Si en la categoría todo el mundo está vendiendo con ruido y estridencia, pon música clásica y tranquila dentro de tu tienda y vas a vender más.

Hemos podido probar que una buena melodía en una tienda de ropa puede aumentar las ventas hasta en un 18 por ciento. Por ejemplo, no es casualidad que la música que se escucha en una tienda de Abercrombie & Fitch tenga dos objetivos: que los jóvenes se empiecen a entusiasmar, que sientan que ya van a salir a una fiesta, que el papá se vaya y que los deje comprar en paz.

Los olores son mágicos. Hay empresas de neurociencias que te venden aromas y te dicen a qué debe oler tu tienda para que vendas más. El olor a coche nuevo es uno de los mejores que existen y el que más te emociona cuando quieres comprar un automóvil. Pero ¿cuántos concesionarios has visto que aprovechen esto? Nunca he conocido a ninguno en mi vida. Por lo menos deberían mantener el ambiente casi sellado para que el olor se concentre dentro, pero ni eso hacen.

Cuando uno entra en una tienda Juan Valdez, huele muy poco a café, casi nada, porque no les interesa estimular el cerebro con ese olor. Por el contrario, en Starbucks aman el olor a café.

Debes tratar de tener siempre presente que la mente usa los cinco sentidos para tomar cualquier decisión, por eso hay que tener una estrategia para el tacto, el oído, la vista, el gusto y el olfato.

Debes dejar que el cliente toque el producto.

«Por favor, toque este colchón, sienta qué suave es la tela y qué resistente, mire cómo son las costuras, acuéstese para apreciar su comodidad.»

Eso hace que el cerebro se enamore de las cosas. No sé si lo sabes, pero los hombres nos guiamos por la vista y el tacto. Muchos varones pueden ver pasar un superdeportivo último modelo a cincuenta metros y casi quieren salir corriendo detrás de él. Eso es lo que sienten constantemente cuando contemplan un Ferrari o un Bugatti.

En cambio, muchas mujeres se dejan llevar por el olfato y el oído, por eso nunca vas a conquistar a una mujer si no tienes un código de olor que le haga recordar a una persona que ella quiere y admira, aunque te eches perfume Giorgio Armani todo el día. Esto va más allá de las colonias, es el pH de la piel, la sudoración y la acidez. A una mujer, para conquistarla, necesitas decirle muchas cosas previamente; a un hombre nada más tienes que tocarlo.

Un dato curioso: las casas en las que vivieron mascotas se venden un 26 por ciento más tarde por el olor si la persona es de las que no quiere a los animales. Si te gustan, ni siquiera te das cuenta de ello.

Ocurre lo mismo con el tabaco: los vendedores que fuman tienen un 24 por ciento menos de efectividad de ventas cuando atienden a un cliente que no lo hace. Además, hay muchos que, como saben que no van a poder fumar dentro de la tienda, entonces se echan el cigarro rápido y regresan sin lavarse la boca o masticar un chicle. Entonces, cuando atienden a un posible comprador, cada vez que abre la boca apesta a tabaco y ya no provoca comprar, el olor causa recha-

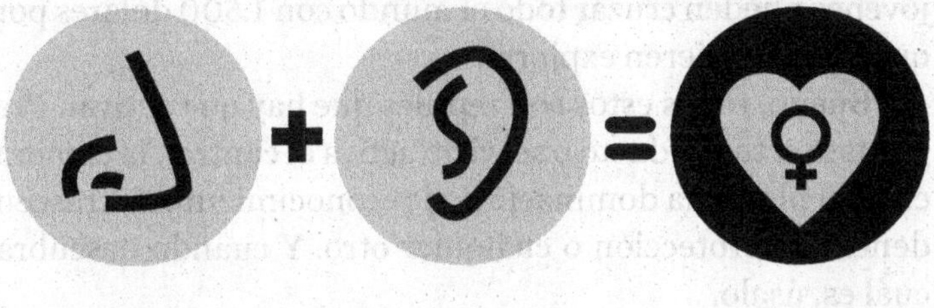

zo. Ahora, si el cliente es fumador, invítalo a fumar afuera y vas a vender más.

Las ventas se reducen un 12 por ciento cuando el vendedor usa lentes que hacen que sus ojos se vean menos. Quítate las gafas cuando vayas a vender. Incluso es provechoso hacerlo en medio del proceso de compra, cuando quieres enfatizar algo.

Siempre muestra los ojos. El cerebro odia a una persona que te habla sin mirarte a los ojos. Yo conozco una empresa que promovió operaciones de la vista entre sus empleados, financiando el pago del 50 por ciento del coste, y las ventas subieron para todos los que antes llevaban gafas. Es increíble, pero esas cosas pueden transformar la vida de un vendedor.

## NEUROCONSEJO SEIS: SUSPÍRALE AL REPTIL, ENCUENTRA LA VENTA REPTIL

Anarquía, felicidad, control, dominación, reproducción, placer, seguridad, protección, trascendencia, unión de la tribu, exploración, movimiento. No importa quién eres ni de qué cultura vienes, todo esto vive en tu cerebro y, si tu producto puede cubrir una de estas cosas, vas a vender más rápido.

¿A quién no le gusta sentir que tiene las cosas bajo control? ¿A quién no le gusta estar explorando, viajando, conociendo? De repente a las personas muy mayores, y suele ser una señal de que el cerebro ya está cerca de la muerte. Los jóvenes pueden cruzar todo el mundo con 1.500 dólares porque ellos sí quieren explorar.

Bueno, todos estos son reptiles que hay que activar. Pregúntate si tu producto o servicio activa el control, la exploración, el placer, la dominación, el reconocimiento, la trascendencia, la protección o cualquier otro. Y cuando descubras cuál es, úsalo.

A la mayoría de las personas, especialmente a las mujeres, el buen humor las predispone a comprar, a enamorarse de lo que vendes. Esto es importante en el mundo de las ventas, pero conviene recordar que hay que tener estilo para ser divertido sin excederse.

Además, transmitir al cerebro reptil de las clientas potenciales una sensación de protección y seguridad, de manera que piense que vas a cuidar de ellas y de los suyos, contribuirá a aumentar tus ventas.

## NEUROCONSEJO SIETE: MANEJA EL DISCURSO DE VENTAS DIFERENCIADO PARA AMBOS SEXOS

Este es el error más típico en el mundo de los vendedores: tienen un solo discurso unisex porque creen que sirve igual para mujeres que para hombres. La realidad es que lo que tienes que decir a cada uno para venderle es completamente distinto.

Y no importa qué vas a ofrecer. Las mujeres son sumamente sofisticadas y hacen modelos de comparación impresionantes cuando compran las cosas. Entonces, uno tiene que ser capaz de entender eso y proporcionarles la información suficiente para que ellas puedan organizar esa red de ideas antes de adquirir algo.

Te doy una prueba: una mujer puede tardar aproximadamente ciento cuarenta minutos en comprar una blusa blanca lisa, mientras que un hombre invierte como máximo veintiocho minutos en adquirir una prenda equivalente.

Cuando se trata de tecnología, a la mayoría de las mujeres no les interesa profundizar en el funcionamiento de los aparatos o en las características de un automóvil, sino en su vertiente emocional. Esto es fundamental porque el cerebro femenino se desconecta cuando los vendedores que no tienen la menor idea de cómo tratar a las clientas potenciales insisten, por ejemplo, en detallar todas las funciones de un nuevo televisor.

Venderles automóviles tampoco es fácil. En Miami, algunos de mis amigos de entre cincuenta y cincuenta y cinco años de edad están regalando todoterrenos carísimos, de más de 100.000 dólares, a sus esposas. En una ocasión, uno de ellos dijo: «Adivinen qué le regalé a mi mujer hace un par de semanas: un Land Rover con chasis de aluminio». Yo le pregunté a la esposa: «¿Qué te ha parecido el todoterreno?». Y ella me respondió: «Ay, sabes qué, no he tenido ni tiempo de ir a recogerlo, pero intentaré pasarme la próxima semana».

Me venían ganas de replicarle a mi amigo: «Es que eres idiota. Regálale un diamante o dos bolsos Louis Vuitton y con eso la harás feliz». ¿De dónde sacan que con un todoterreno van a hacer feliz a una mujer? Y es que muchos hombres no saben qué es lo que le gusta al cerebro reptil femenino.

En un estudio que realicé, comprobamos que, a medida que los hombres envejecían y se volvían menos atractivos, sus esposas se hacían todas las cirugías plásticas imaginables y parecían cada vez más jóvenes. Miami está llena de tiburones guapos y varoniles que se acercan a las mujeres ajenas en restaurantes y supermercados, de manera que regalarle un lujoso coche a tu esposa es una disimulada estrategia reptil para indicar a los otros hombres que ella no va a cambiar a su proveedor por otro.

En uno de los vídeos de ese estudio, una mujer sale de un

restaurante y camina hacia el aparcacoches. Dos tiburones muy atractivos empiezan a caminar para abordarla. En eso llega su coche y los tiburones descubren que ella tiene un Bentley Continental GT de 140.000 dólares, descapotable, con interiores blancos. Los hombres dan, literalmente, un paso atrás y retroceden.

¿Somos o no animales? Demasiado. ¿Sabes por qué esos tipos no se animaron a acercarse? Porque se dieron cuenta de que esa mujer tenía un proveedor más reptil que ellos. Mis amigos no están tan equivocados y por eso regalan esos todoterrenos a sus esposas.

Muchas mujeres han dejado de usar coches familiares compactos, comodísimos, ahorradores de gasolina, los más apropiados para llevar a la familia, los más seguros para sus hijos y con cierre centralizado, para comprar modelos SUV sumamente incómodos, sobre todo al subir o bajar. Solo lo hacen porque tienen la necesidad de sentirse más fuertes, es decir, para que las respeten en el camino.

En cambio, los hombres están abandonando los todoterrenos para decantarse por los coches pequeños y deportivos, totalmente al revés.

Otra cosa bien importante: sé concreto con los hombres y extenso con las mujeres. Si tú eres un hombre y le vendes a una mujer, habla tres veces más. Si tú eres una mujer y le vendes a un hombre, habla tres veces menos. Se han hecho estudios con un aparatito para medir palabras. Una mujer habla aproximadamente 18.000 palabras al día, mientras que un hombre habla solamente 5.000. Eso es una proporción mayor de tres a uno.

Entonces las vendedoras mujeres, que no saben de neuroventas, van a venderles a los hombres y hablan, hablan, hablan... Uno casi dice: «Al grano, ya, suficiente». Con las mujeres todo lo contrario, pero siempre evitando la verborrea inútil y apuntando a lo que les interesa.

## NEUROCONSEJO OCHO: PROPORCIÓNALE DE FORMA INTERCALADA INFORMACIÓN QUE AYUDE A JUSTIFICAR LA COMPRA

Nadie quiere sentirse bruto cuando compra, entonces el cliente no puede irse por la emocionalidad absoluta. Por eso, cuando empieza a sentir que se está enamorando del producto y que ya llega a un momento de irracionalidad, en el que casi está babeando y piensa que tú lo tienes hipnotizado, dice: «Oiga, mejor vengo el lunes», y no aparece más.

Ningún ser humano quiere sentirse controlado, ni hipnotizado emocionalmente cuando está comprando algo. Eso nos asusta porque nuestros paradigmas nos han dicho que debemos ser sumamente racionales, no emocionales.

Como vendedores, debemos entender que no puede ser todo emoción. Entonces, cuando veas que la persona comienza a desvariar, consigue que de nuevo entre en razón para hacerla sentir bien.

Por tanto, cuando detectas que pasa de una emoción leve a una intensa, le sueltas un dato totalmente racional. Por ejemplo, si le estás vendiendo un vehículo, puedes decirle que este coche tiene alta calidad y la mejor tecnología alemana. Entonces su cerebro suspirará aliviado. «Ah, racionalidad, ya me siento más tranquilo.»

¿Por qué? Porque cuando compre el coche, lo habrá hecho emocionalmente, aunque no lo sepa, pero así tendrá toda una batería de respuestas racionales que justificarán la adquisición. No dejará de decirle a todo el mundo que compró el coche de una forma brillante: «No sabes la tecnología, cómo se maneja, me dieron un precio buenísimo y por eso lo compré». No va a decir: «Lo compré porque me siento invencible paseando en mi descapotable rojo».

Entonces, intercala en tu discurso racionalidad, emocionalidad y reptil todo el tiempo, esa es la técnica y el cerebro se va acomodando y adecuando al proceso de decisión de compra.

## NEUROCONSEJO NUEVE: NO ESTRESES NI INVADAS SU MENTE

El cerebro necesita espacio para pensar y digerir la información. Deja de ser el típico vendedor insistente y pesado que llama dos veces al día. Lo único que consigues con eso es aterrorizar al cliente y que salga corriendo.

Si quieres vender, debes seguir en contacto, porque de lo contrario no ganarás nada. Pero la cuestión es: ¿cómo llegar al cerebro de esa persona para que esté feliz de volver a escucharte y no se enfade?

Vamos a suponer que yo soy el potencial cliente y tú me estás queriendo vender un coche nuevo porque pasé por tu concesionario, pero no tomé ninguna decisión. Un día, puedes llamarme y decirme: «Señor Klaric, me acordé de usted porque leí un artículo sobre neuromarketing que me pareció buenísimo, estoy seguro de que le va a encantar. ¿Me da su correo para poder enviárselo?». Entonces, pensaré: «Qué buen tipo, no me insistió con el coche, no trató de venderme nada, me llamó para regalarme un artículo».

Me mandas el texto sobre neuromarketing y ya tienes mi correo. Días después, siguiente mensaje: «¿Cuándo nos volvemos a ver, señor Klaric?». No te contesto. Luego, próxima llamada: «Señor Klaric, ya lo sigo en Facebook, me encantaría que me regalara algunos consejos de neuroventas. Le invito a un café, ¿cuándo nos podemos ver?». Y esta vez le contesto; el tipo sí sabe, pienso.

Para ese momento, un potencial cliente está muy extrañado, cree que este vendedor es muy raro porque se comunica con él, pero no para insistirle en que compre el producto, sino para ser parte de su vida. En el ejemplo, yo, por iniciativa propia, podría decirle: «¿Sabes qué? No voy a decidir ahora mismo qué coche voy a comprar. Me voy a Nueva York con mis hijos y, dentro de dos semanas, cuando regrese, hablamos».

Pero al día siguiente me envías un correo: «Señor Klaric, acabo de descubrir una web sobre entretenimientos interesantes y poco conocidos en Nueva York, donde puede llevar a sus hijos para que se lo pasen increíble. Aquí le paso el *link*», y no dices nada de la venta.

Esas son las cosas que hacen que uno se comprometa de tal modo que llega a decir: «Si voy a adquirir un coche nuevo, se lo compro a este tipo, que es tan buena gente». Y de eso se trata, de darle a la mente lo que esta quiere.

El cerebro no quiere un vendedor que esté diciendo: «Señor Klaric, ¿ya tomó la decisión?; señor Klaric, ¿cuándo viene a probar otra vez el auto?; señor Klaric, no se olvide de mí». No, la mente definitivamente se cierra a eso.

¿Y cuando te quieres aproximar a un posible cliente? Pues mira, la pregunta típica que le encanta a la gente es: «¿Y tú a qué te dedicas?, ¿de dónde eres y dónde vives?». Yo te reto a que en la próxima fiesta a la que asistas no preguntes eso, y ya verás qué noche tan aburrida te espera.

A nosotros nos encanta decir a qué nos dedicamos, a no ser que seas uno de esos vendedores acomplejados que se avergüenzan de serlo. Entonces, si ves a un potencial cliente, inicia una conversación sobre su trabajo, que te cuente qué hace, escúchalo, sin venderle nada, aunque déjale saber cuál es tu sector y tu negocio. Como no lo vas a invadir, ni lo vas a enfadar hostigándolo todo el tiempo para venderle algo, seguro que querrá hablar contigo.

## NEURONCONSEJO DIEZ: SÉ VISUAL, HAZLO VISUALIZAR

Esto es bien importante. El ser humano es visual, se enamora por las imágenes. Si tienes frente a ti el reto de vender algo muy complicado de explicar, donde necesitas una hora de discurso para que te entiendan y sabes que pocos te la van a conceder, haz una infografía, una de esas ilustraciones que incluyen la información más relevante mostrada de manera sencilla y muy gráfica.

Ya te expliqué cómo funciona nuestra tecnología de neuromarketing gracias a una infografía en el segundo capítulo de este libro. Tendría que usar aproximadamente veinte minutos o varias páginas de palabras para explicar la mitad. El cerebro ama los gráficos, adora lo visual.

Si no dispones de un recurso infográfico, tienes que usar un discurso que permita a la persona visualizar lo que quieres explicarle.

Por ejemplo, un vendedor de sensores de aparcamiento para vehículos tiene que decirle al cliente: «Mire, este es un aparato que ayuda a que usted no atropelle a nadie cuando está dando marcha atrás con su coche. Protege sobre todo a niños y mascotas, que, debido a su pequeño tamaño, pueden estar ocultos a la vista detrás de las llantas traseras. Aquí tiene una cámara, ahora yo me pondré detrás de su coche y podrá verme en esta pantalla, ya ve qué fácil».

Ya sea de manera real o a través de una infografía, lo importante es que interactúes, que te involucres tú y de paso al cliente, para que él comprenda perfectamente las ventajas y el uso de cualquier cosa aparentemente compleja.

En el caso anterior se está usando una mezcla de visualización y reducción del miedo que tenemos todos de atropellar a un hijo. Por cierto, tengo un artículo que dice que en

Estados Unidos mueren dieciocho niños al año porque quedan ocultos detrás del auto y las personas que salen marcha atrás no los ven. Y este aparato sirve para evitarlo.

## NEUROCONSEJO ONCE: PÍDELE QUE TOQUE, SIENTA E INTERACTÚE

«Por favor, toque este zapato, mire lo que es el cuero de verdad, ya pocas empresas hacen zapatos de cuero, pruébelos, siéntalos.» Es fascinante hacer que la gente interactúe con los productos y ver cómo van enamorándose de ellos.

Me encanta esta frase célebre de Benjamin Franklin: «Dime y lo olvido, enséñame y lo recuerdo, involúcrame y lo aprendo». Y la verdad es que en neuroventas podríamos decir: involúcrame y me quedo contigo y con el producto.

¿Cuántas tiendas hay todavía por todo el mundo que tienen los productos detrás de un cristal? No los puedes tocar, ni oler. La gente tiene que manipular el coche, la bicicleta, el bolso o lo que sea que quiera comprar.

## NEUROCONSEJO DOCE: GENERA COMPARATIVAS Y CONTRASTES PARA LA MENTE

Recuerda que el cerebro necesita comparar y escoger una de tres opciones. Curiosamente, a la mente humana le gusta el contraste. El cerebro no puede tomar una decisión con una sola opción.

¿Vendes coches? Da al posible cliente tres opciones de marca o tres modelos o tres colores o tres precios o tres especificaciones, el cerebro necesita tres para decidir. Él no sabe qué es bueno o malo, necesita otras opciones; entonces, si no se las das, va a buscarlas en otras tiendas por su cuenta y quizá pierdas la venta.

Por eso, una estrategia muy eficaz es poner a la vista esas típicas listas de *top ten*: los diez mejores postres, los diez mejores vinos, los diez libros más vendidos, y la gente se muere de ganas de comprarlos y probarlos. Pero siempre los tres primeros serán el 80 por ciento de las ventas.

## NEUROCONSEJO TRECE: COMUNICA DE FORMA SIMPLE Y BÁSICA

El cerebro ama lo simple y lo básico. En inglés, esto se expresa con claridad con la regla KISS: *«keep it simple, stupid»*, que podría traducirse al español como «no te compliques, estúpido». El vendedor, al que cuesta entender y que se enreda en historias innecesarias, termina cansando el cerebro hasta hacer que la persona lo ignore o simplemente se vaya. El mejor vendedor es el que va al grano y te deja feliz con la información.

También amamos los productos simples, por eso nadie podrá innovar un juguete más poderoso que la pelota, porque es simple. El iPod nos volvió locos porque era sencillo, tenía un botón y una rueda y con eso hacías todo, cualquier persona podía usarlo, así de fácil era.

## NEUROCONSEJO CATORCE: COINCIDE CON EL COMPRADOR

¿Recuerdas que antes hablamos de las neuronas espejo? Entonces, por el principio de identificación, si te muestras de acuerdo con lo que dice el posible comprador, después puedes darle información adicional que apoye tu venta y será bien recibida.

Te explico cómo funciona. Si el cliente te dice: «Oye, me han contado que los Kia no son tan buenos». Entonces, tú le respondes: «Tiene usted razón, presentaron varios problemas en el pasado, pero cambiaron el diseño, actualizaron estas cosas en el motor y hoy Kia es tan bueno que es el único coche que se le puede garantizar cinco años». Te diste cuenta, ¿no? Primero le das la razón y luego añades nueva información clave.

El vendedor típico te hubiera respondido: «Disculpe, eso no es cierto, son los mejores coches del mundo». E inmediatamente pierde la venta porque eso no funciona, el cliente se siente tonto o ignorante, además de engañado, y a nadie le gusta eso. Hay que coincidir con la gente, no hacerla dudar de nuestra honestidad.

La mejor forma de identificarnos y volvernos amigos es darle la razón al otro, no enfrentarnos. Hay que coincidir con la gente, pero también hay que ser sinceros y honestos, eso es muy importante.

Existen muchas teorías sobre por qué bostezamos, pero la que me parece más creíble, aunque todavía no se ha comprobado del todo, es que se trata de un sistema de solidaridad con otra persona. Tu cerebro cree que cuando alguien bosteza es porque tiene hambre, está cansado o le falta oxígeno, entonces bosteza de forma solidaria, en espejo. Tenemos que hacer lo mismo en una venta.

## NEUROCONSEJO QUINCE: LLEVA LA RELACIÓN A LO PERSONAL

En neuroventas, las relaciones empiezan siendo de negocios, pero debes llevarlas al plano personal y volverte amigo del posible cliente, te compre o no en ese momento.

Por eso pregúntale sutilmente a la gente a qué se dedica, dónde estudió, qué especialización tiene, de tal manera que puedas empezar a construir tus criterios y más adelante ofrecerle algo que le interese.

Por ejemplo, la estrategia del portarretratos. Si visitas a

una compradora potencial y ves el retrato de su familia sobre su escritorio, le dices: «Ah, esos son tus hijos, qué guapos. ¿Y esa foto es nueva o es antigua? ¿Y cuántos años tienen? Ah, parecidos a los míos. ¿Y cómo se llaman?». Y si, ya puestos, intercambias con ella historias sobre vuestros hijos, te verá desde el prisma de la amistad y dejarás de ser otro vendedor más.

Pero si le haces ese mismo comentario a un hombre, probablemente te mire mal y te pregunte qué te pasa. «Déjate de preguntar por mis hijos y hablemos de negocios». No funciona con los hombres, pero sí con las mujeres, independientemente del sexo del vendedor. Eso sí, hazlo con autenticidad y estilo.

## NEUROCONSEJO DIECISÉIS: TEN SIEMPRE UNA SONRISA EN EL ROSTRO

Reírse y hacer reír de forma natural vende. ¿Cuál ha sido el mejor activo del expresidente estadounidense Barack Obama? Es un político que durante ocho años dio pocos resultados, pero la gente lo ama. Pues tiene una cosa buena: la sonrisa más increíble, y la usa mucho, además de contar chistes al Congreso.

La gente ama la sonrisa, el cerebro adora ver dientes. ¿Por qué? Porque nos puede dar rápidamente información de su actitud en el momento y también sobre cuán vieja o joven es esa persona. Como en los caballos, los dientes delatan brutalmente la edad de la gente. ¿Y por qué al cerebro le interesa la edad? Es una cuestión básica, instintiva, reptil, que nos sirve para identificar fortalezas y debilidades en la tribu.

Los dientes sanos y fuertes nos dicen que se trata de una persona saludable. Los dientes pequeños, viejos y maltratados nos dicen tácitamente que no es afortunado. La dentadura es poderosa y el cerebro disfruta viéndola, así que sonríe todo el tiempo.

La sonrisa y el buen humor generan un nivel de oxigenación superior y hacen que la gente se relaje, conecte contigo y, como consecuencia, compre más. Si tú sonríes, el cliente lo hará, y cuando lo dos se rían, probablemente haréis grandes negocios juntos.

## NEUROCONSEJO DIECISIETE: CUIDA SU TRIBU

Siempre me ha impactado la efectividad de este neuroconsejo. Imagina que eres una madre que va a comprar un sofá y el vendedor cae en la cuenta de que tus hijos están molestos, fastidiados, aburridos, quizá con hambre. Entonces se pone una nariz de payaso y un sombrero, regresa y dice: «Muchachos, tengo una sorpresa, yo soy el mejor chef de galletas con pepitas de chocolate, síganme y les voy a regalar unas deliciosas».

Tus niños se van felices y tú no puedes creer que el tipo haya hecho algo tan bonito por tus hijos. Ahí sí ya estás comprometida porque las madres tienen una regla de oro: «Si tú quieres a mis hijos, yo te quiero a ti». El que se preocupa por sus hijos es su amigo; entonces si el vendedor los divierte y les da galletas, le querrá comprar a él.

Con los padres no funciona así, pues su cerebro puede sentir celos o desconfianza. Ellos piensan: «Si yo no les horneo galletas a mis hijos, ¿por qué vienes tú a hacerlo y me haces quedar mal?».

## NEUROCONSEJO DIECIOCHO: LOS PRIMEROS Y LOS ÚLTIMOS MINUTOS SON LOS MÁS EFECTIVOS

Mira este cartel:

**SEUGN LSA IVNESTGICIANOES, NO IPOMRTA CAUL ES EL ODREN DE LAS LERTAS DE UNA PALARBA, MINERTAS QUE LA PRIERMA Y LA UTLIMA ETESN EN EL LUAGR COERRCTO. ETSO SE DBEE A QUE LA METNE HUNAMA NO LEE CDAA LERTA POR SI MSIMA, SNIO LA PALBARA CMOO UN TDOO.**

**Fuente**: Basado en investigaciones de Graham Rawlinson (véase *Clarín*, 17/1/2003, y *El país*, 6/11/2003).

Sí, pudiste leer y entender todo. Así de fascinante es la mente humana. Según Rawlinson, especialista en cognición, mientras no cambies la primera y la última letra de cada palabra y mantengas su extensión, el cerebro es capaz de captar el significado, aunque las demás letras estén desordenadas.

Lo mismo ocurre en los discursos de ventas: si te van a dar veinte o treinta minutos para que les presentes tu propuesta, los primeros y últimos cinco minutos son el 80 por ciento de la venta. Pregúntate qué vas a decir estratégicamente en esos minutos claves y lograrás cerrar el negocio.

## NEUROCONSEJO DIECINUEVE: COMUNÍCATE DE FORMA INDIRECTA CON METÁFORAS Y CUENTOS

El cerebro no piensa en palabras ni números, el cerebro piensa en metáforas. En la medida en que seas capaz de construir historias para explicar por qué un automóvil, un sofá o una joya es mejor que otro, entonces vas a lograr cautivar a la gente.

Los niños y los adultos aman las metáforas, los dichos y los refranes. Si yo te digo: «Hay que despertarse todos los días antes de las ocho de la mañana porque quien se levanta temprano tiene más posibilidades de ir a trabajar fresco y dispone de más tiempo para hacer negocios y ser exitoso», tu cerebro termina perdiendo la atención. Pero si te digo: «Al que madruga Dios lo ayuda», listo, el cerebro está feliz y lo entendió.

Qué lástima que ya casi no se cuenten las fábulas de Esopo, esas sí que enseñaban y eran poderosas, por su capacidad de explicar las cosas con metáforas, fábulas, cuentos y analogías.

Es pésimo hablar mal de la competencia, pero, si es necesario, hay una forma muy elegante de hacerlo. Supongamos que estás tratando de vender un coche y el posible cliente te dice: «No sé, no me decido, es que estoy comparando entre Hyundai y Toyota». Entonces tú le puedes decir: «Ah, sí, los Toyota son muy buenos coches, pero mi cuñado compró uno y, tres meses después, tuvo un problema eléctrico, por eso lleva dos meses en el taller».

Si tú le hubieras dicho de entrada: «Toyota presenta un problema eléctrico brutal», el cerebro se hace a un lado y desconfía de ti. Pero si tú le dices que es un automóvil excelente, pero lamentablemente conoces a alguien que ha tenido esta mala experiencia, entonces el cerebro se conecta.

Y todo porque el cerebro aprende a través de historias, no a través de discursos de venta. Eso sí, no puedes mentir, jamás un vendedor puede engañar, pero sí puedes explicar las cosas malas de la competencia en una historia o puedes explicar las cosas buenas de tu producto a través de otra metáfora, las dos funcionan.

## NEUROCONSEJO VEINTE: USA VERBOS DE ACCIÓN

Con nuestra tecnología neurocientífica, hemos probado cientos de palabras para ver cuáles son las que activan más al cerebro, y descubrimos que la mente humana adora los verbos de acción.

En tu discurso de venta, utiliza siempre estos verbos:

**poder, lograr, proteger, entretener, dominar, transformar, recordar, disfrutar, conquistar, controlar, alcanzar.**

«Compra este coche porque transformará la relación con tu familia y tus hijos cuando vayas al campo», la palabra mágica es *transformar*. «Ven a almorzar este fin de semana a mi restaurante porque aquí tu familia se va a entretener»; es importante que sus seres queridos se *entretengan*, verbo de acción. «Esta pala industrial te ayudará a controlar más tu producción»; *controlar*, otro verbo de acción.

## Y LA PALABRA QUE MÁS EMPODERA ES:

# TÚ

# VI

# ESTRUCTURA DE UN DISCURSO DE NEUROVENTAS

**Como ya te dije,**

## en neuroventas NO DAMOS RECETAS,

te enseñamos las estructuras para que tú las adaptes y las apliques a tu propia realidad, teniendo en cuenta las características particulares del bien o servicio que ofreces, así como el análisis del posible comprador.

Entonces, jamás voy a decirte «este es el discurso vendedor», pero sí me gustaría dejarte un modelo en el que aplicamos todo lo que te he explicado hasta aquí.

Antes de todo, lo primero que debes hacer es detectar el segmento de tu público para así saber cómo te vas a dirigir a él. Luego, te preguntas qué parte reptil vas a activar con tu producto o servicio y, después, cuál es el miedo que invade al cliente y que tú puedes reducir con esta venta. Una vez que tienes claras estas tres cosas, decides cómo vas a generarle la atención, la emoción y la memoria.

Es muy importante hacer bien la segmentación porque los miedos van cambiando, dependiendo de quién es tu público. Si vendes coches, una mujer que es madre tiene miedo

## Creación de un discurso de neuroventas
## Venta: cámara fotográfica (mujer)

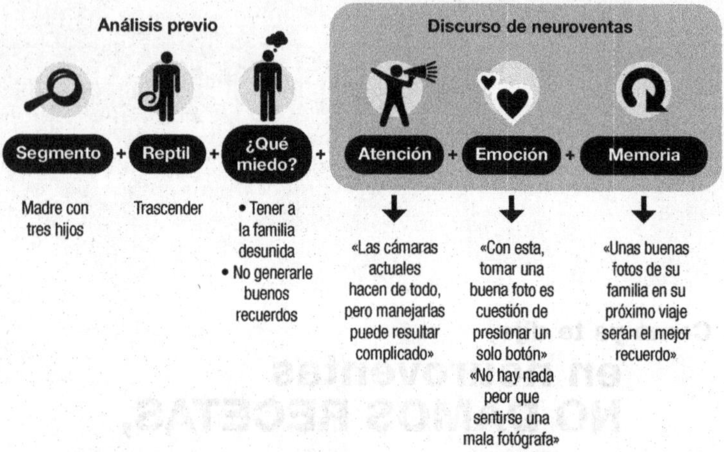


a que se estrelle el vehículo y sus niños mueran, pero si es una superejecutiva soltera, quizá su miedo sea no parecer la más interesante o la más poderosa entre su grupo de amigas.

Ahora vamos con un ejemplo práctico que hicimos en uno de mis talleres. Esta persona dirigía un servicio de enfermeras a domicilio para la atención de pacientes enfermos o ancianos.

**Segmento:** Hijos ocupados y con dinero, que tienen a sus padres enfermos. Hay varios más, pero debemos hacer el análisis uno por uno porque cada segmento tiene sus características propias y varía el discurso.

**Reptil del segmento:** Libertad. «Si mis padres están bien atendidos, yo me siento libre para trabajar con tranquilidad o irme de vacaciones o de viaje de negocios.»

**Miedo:** No estar si pasa algo, sentirme mal hijo, sentirme culpable.

| | |
|---|---|
| **Atención: Contar una historia real de terceras personas. Si es negativa, llama más la atención.** | **«Tengo una clienta que estaba arriesgando su puesto de trabajo en el Banco Mundial por el lamentable estado de salud de su madre. Vivía en Washington y tuvo que dejarlo todo para regresar, poniendo en peligro su posición y su seguridad en Estados Unidos.»** |
| **Emoción positiva: Llenar el vacío que provoca el miedo.** | **«Ella no se sentía cómoda con otros proveedores. Gracias a nuestro servicio, le pusimos una enfermera y fue una gran ayuda. Se sintió supersegura y a la semana siguiente pudo regresar tranquila a Washington. Ahora está trabajando a gusto allá, sin miedo ni preocupaciones.»** |
| **Memoria: Lo que está comprando le va a servir para poder sobrevivir y darle valor a su vida.** | **«Le garantizo que usted no se sentirá culpable por no poder cuidar a su madre. Entiendo la situación, le pasa a mucha gente, pero usted sentirá una gran libertad y trabajará más tranquila con el servicio de nuestra empresa. Su madre está en buenas manos.»** |

Si cambia el segmento, cambia todo. Lo que pasa con las neuroventas es que yo te enseño el modelo y te pongo el primer ejemplo, luego tú vas practicando con el segundo y el tercero, pero después esto se vuelve ya sistemático. Es muy recomendable que sigas el modelo con tu categoría o producto.

Te repito: la gente no tiene ni la menor idea de lo que quiere comprar. En consecuencia, prácticamente

## ERES TÚ
### quien puede decidirlo.

La gente tampoco es consciente de muchos de sus miedos, pero si tú los analizas y los identificas, puedes ofrecer algo que hará de tu cliente un ser humano menos vulnerable y más fuerte, por tanto, más feliz y agradecido. Las neuroventas no solo son para vender más, sino para cumplir más y ganar más amigos.

# VII

# NEUROVENTAS DE FORMA ESPECIALIZADA

**Claves para vender inmuebles**

Se ha demostrado que lo más efectivo para vender en el sector inmobiliario es identificar a qué nicho de mercado pertenece una casa, un piso o un apartamento y, de acuerdo con ello, buscar a los posibles compradores que estén interesados en ese estilo de vida.

Si bien es cierto que la gente que construye inmuebles quiere hacer, por ejemplo, un edificio donde pueda vivir cualquier persona, en la práctica esto no funciona porque la gente tiene cada vez más claro qué estilo de vida quiere, y hay importantes diferencias. Definitivamente, cuando uno adquiere una casa, está también comprando un estilo de vida.

Si eres un vendedor inmobiliario, resulta imprescindible entender qué nichos de mercado son claves hoy en tu sector y saber qué estilos de vida debes satisfacer con la casa o el edificio que construyas, pues así será mucho más fácil ser preciso y directo en el desarrollo del producto y en los mensajes.

En el momento en que tú sabes cómo vive la persona que quiere comprar un inmueble, ya puedes ordenar todo el discurso.

Respecto a una familia tradicional, por ejemplo, es importante saber que el hombre, la mujer y los niños dominan diferentes espacios de la vivienda.

## La esposa es dueña del 70 por ciento de la casa, así que queda el 20 por ciento para los niños y el 10 por ciento para el marido.

A grandes rasgos, la mujer es dueña del dormitorio, del vestidor y los armarios, del baño y de la cocina, que son las partes más importantes de cualquier inmueble. A los hijos les deja sus minidormitorios, con sus miniarmarios, y el cuarto de la televisión o el estudio cuando es necesario, pero ella es más propietaria que nadie dentro de la casa.

**Por eso, el instrumento más persuasivo para vender una casa es el vestidor y los armarios.** Por lo general, es el argumento número uno que puede hacer que una mujer compre una vivienda, pues, según las encuestas, al 80 por ciento de ellas le encanta la ropa y los accesorios.

Sin embargo, este espacio **no debe estar diseñado como un simple ropero, sino como una pequeña tienda, muy parecida a una *boutique*,** donde los artículos están exhibidos como si fueran nuevos y en todo su esplendor.

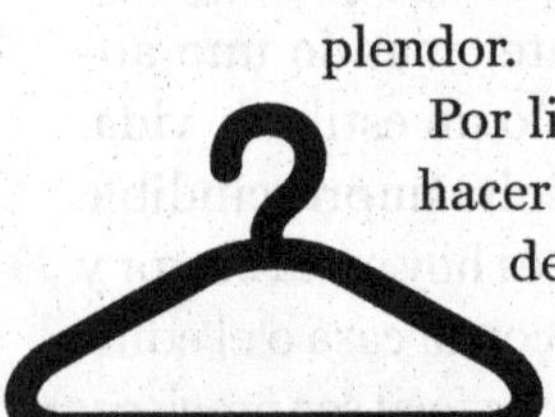

Por limitaciones de espacio, a veces es difícil hacer eso, pero hay pequeños detalles que pueden marcar la diferencia, como, por ejemplo, disponer de una buena iluminación en el sitio destinado a las carteras y los bolsos, tener estantes para los zapatos o un cofre que pueda usarse como joyero. Todos estos complementos ayudan mucho a vender porque la mujer, al verlos, se enamora del vestidor y de los armarios, lo que facilita la compra del inmueble.

El baño es un lugar clave para muchas mujeres. Su gran baza es la fantasía. La mujer tiene que entrar en el tocador y sentir que sale del mundo real para sumergirse en su propio universo de intimidad, higiene y belleza personal.

Así se entiende por qué existen baños con griferías de oro y otras peculiaridades por el estilo; todo corresponde, por lo general, a la fantasía de su propietaria.

Eso no es común entre los hombres y nunca lo van a entender, pero las mujeres sí viven esos procesos subconscientes y hasta inconscientes. Por eso es tan importante que el baño tenga bañera o *jacuzzi*: muchas mujeres fantasean con que se van a sumergir en el agua perfumada con burbujas durante dos horas, aunque al final rara vez lo hagan.

El baño debe ser un espacio de total esparcimiento. Por ejemplo, un detalle interesante es disponer de un espacio donde se pueda colocar una banqueta o un sofá pequeño dentro del baño de una mujer. Eso la puede hacer sentir muy feliz y relajada, de manera que identificará el baño, y por extensión el inmueble, con el bienestar.

Esa es una idea muy importante para vender el inmueble a una mujer. Por el contrario, esto no funciona con muchos hombres, porque ellos entran en el baño, hacen lo que tienen que hacer y se acabó.

Otro espacio fundamental es la cocina. Hoy en día, cuando muchas mujeres ya no guisan o no lo hacen a diario, este espacio se vuelve netamente un instrumento de mensaje social.

El inconsciente de la mujer dice: **«Si tengo una cocina pequeña, fea y mal equipada, soy una mala madre, una mala proveedora».** Por el contrario, si tiene una espectacular, sus amigas la elogian. Luego, cuando un visitante le pregunta si ella prepara los alimentos, responde: «Muy de vez en cuando».

La realidad es que esa cocina de lujo, con tecnología alemana y todos esos artefactos divinos, son argumentos sociales y sirven para decirle al mundo: «A mí me preocupa la alimentación de mi familia». Sin embargo, en algunos casos son las empleadas domésticas quienes los utilizan.

Pero tienes que entender qué está buscando la mujer en una cocina para que puedas darle un lugar totalmente relevante dentro del proceso de diseño y venta de un inmueble.

Algo muy importante es que las cocinas hoy deben volverse espacios que sirvan para algo más que preparar los alimentos. Así, la mujer puede despachar sus asuntos mientras habla con sus amigas, y los niños pueden estar al lado haciendo las tareas.

Por ello, la cocina debe estar diseñada de tal manera que se pueda convertir en un minisalón, donde las familias se juntan. Puede tener una pantallita de plasma, por ejemplo, para complementar el tema del entretenimiento y la educación.

Los buenos amigos no se sientan en el salón, se instalan en la cocina. No sé si te has fijado: en las grandes reuniones, la gente que es meramente conocida está conversando en el salón, mientras que los amigos de verdad están en la cocina.

Por lo tanto, la cocina debe tener esos significados y desempeñar esos papeles para poder seducir absolutamente en el proceso de venta.

## Claves para vender tecnología

Como ya te dije antes, en ventas siempre es esencial saber si la persona que va a comprar es hombre o mujer, pero en el caso de la tecnología es más que fundamental porque hay diferencias radicales.

Como sabes por los principios de los tres cerebros que te expliqué, la mujer tiene una mente mucho más emocional y el hombre se inclina más hacia lo racional. Ese principio hace que la mujer compre la tecnología de una manera totalmente diferente.

Por lo general, la mujer no conecta con la tecnología porque esta fue creada por hombres para la mente racional en la mayoría de los casos. Es muy poca la tecnología creada para el sistema límbico típico de la mujer, y el mejor ejemplo es el iPhone.

Nosotros hemos probado científicamente que la mujer se conecta mucho más con el iPhone que el hombre. Obviamente les puede gustar a los dos, pero la mujer no percibe este móvil como un aparato tecnológico indescifrable, sino como una plantilla con pequeños iconos que va moviendo, como si estuviera jugando.

Obviamente Android ha subido también a ese nivel, pero sus estructuras son un poco más técnicas, el *software* está diseñado para una mente más racional que emotiva. Por eso la mujer siempre será mucho más conectiva con iPhone que con Android.

Por todo esto, **cuando vas a venderle a una mujer, precisamente tienes que lograr que ella no sienta que le estás vendiendo tecnología.** Muéstrale lo que puede hacer el aparato por ella y, por encima de todo, no le compliques la vida.

Por el contrario, cuando vayas a venderle a un hombre, háblale de todas las funciones y términos técnicos que puedas. A una mujer jamás, porque su cerebro perderá el interés y desconectará de tu discurso.

Te doy un ejemplo: si vas a venderle una cámara fotográfica a un hombre, menciónale todas las funciones, la manera de hacer una panorámica, cómo puede etiquetar la foto por GPS, los sensores para la claridad y cómo usarla de forma manual o automática. En una mujer, su cerebro dejará de prestarte atención.

Para venderle el mismo aparato a una mujer, le tienes que decir: «Mira, esta es una cámara espectacular porque es inteligente; con solo apretar un botón hará unas fotos maravillosas para que tengas muchos recuerdos de tu familia, de tus hijos y de tus viajes, y nunca más vas a tener que preocuparte de que tus imágenes salgan mal». Listo.

Respecto a otros tipos de tecnología, como los frigoríficos, por ejemplo, hace unos años se ponía mucho énfasis en los artefactos que tenían un sistema que hacía que la comida durara más y hasta venían con una pantalla en el frontal.

Estoy de acuerdo, habrá algunas mujeres a las que les gusta la tecnología más que a otras y valoran estos argumentos, pero en realidad ese discurso nunca será igual de potente que decir: «Este frigorífico es más cómodo, más higiénico, más fácil de limpiar y encima tiene un sistema de iluminación que hace que tu comida siempre se vea divina». Si le dices eso a un hombre, no va a funcionar.

Por cierto, las neveras que tenían pantallas de plasma llamaron mucho la atención y todo el mundo las miraba, pero al final fueron un total fracaso.

En el mercado de televisores ocurre lo mismo: no hay que hablarle a una mujer (lo digo a riesgo de generalizar en exceso) con siglas y funciones técnicas, cifras o datos. Ella no quiere escuchar eso, simplemente desea tener una pantalla grande y que le aseguren que va a poder disfrutar más de los colores de su programa favorito y que, cuando mire la pantalla, le parezca que puede tocar lo que está viendo.

Sin ninguna duda, la mujer tiene más capacidad imaginativa. No hay que explicarle los beneficios de la tecnología a través de los términos técnicos, sino por las emociones que le puede brindar y los beneficios que recibirá en su vida diaria.

## Claves para vender automóviles

Para vender un coche es fundamental tener muy claro quién es y cómo es la persona que está comprándolo. A grandes rasgos, hay tres tipos: el hombre, la mujer con hijos y la mujer sin hijos. Por supuesto, todos tienen diferentes características y necesidades.

La mujer que tiene niños está comprando un medio de transporte para sus hijos y quiere que ellos puedan entretenerse dentro del coche, mientras ella cumple sus demás tareas, como hacer las compras, por ejemplo. Por lo tanto, necesita un vehículo muy utilitario.

Si vas a venderle un coche a una mujer con hijos, tienes que poner mayor énfasis en la seguridad y en el entretenimiento de los niños. Menciónale, por ejemplo, que los chicos van a estar más tranquilos y pacientes si tienen esta función de pantalla de vídeo dentro del coche, además el nuevo diseño garantiza que estarán más protegidos.

En cambio, si la posible compradora es una mujer sin hijos, hay que venderle el auto a través de la vanidad. No dejes de decirle que este coche va a hacer que se sienta más triunfadora e incluso más juvenil.

En resumen, si la clienta tiene hijos, las claves más importantes para vender un coche son seguridad, entretenimiento y confort. Y si no los tiene, su estilo de vida es verse interesante, ser admirada por sus amigas.

Para venderle coches a un hombre, todo depende de su estilo de vida. Si su forma de vestir es clásica, preocúpate por ofrecerle marcas y equipamientos clásicos. Pero si es un chico joven, trata de venderle un coche moderno, aerodinámico, con equipamiento extra. Él quiere verse diferente y lo va a conseguir.

Por eso ha sido tan exitoso el caso de Mercedes Benz-AMG. La gente joven está retomando el interés no por la marca en sí, sino por el equipamiento deportivo. Mercedes Benz hizo fama por su estilo clásico, más para personas mayores, pero ahora los millonarios tienen treinta y cinco años de promedio, de modo que los jóvenes ricos están comprando estos coches alemanes por su equipamiento AMG, superdeportivo aunque sin perder esa línea clásica tan bonita que tiene.

Para vender coches a hombres es muy importante mencionar la tecnología, pero suele serlo aún más detallar los sistemas de seis altavoces Bose que el cilindraje del motor. La gente no está comprando coches por las especificidades técnicas del motor, sino por el equipamiento interno. Provoca más interés lo que está dentro del habitáculo que en el motor. Entonces habla más del habitáculo y menos del motor.

## Claves para vender servicios

Mucha gente dice: «Oye, pero en el mundo de los servicios no hay mucho campo para hacer neuromarketing y ventas diferentes». Por supuesto, están equivocados.

En el mundo de los servicios y, sobre todo, cuando son de negocio a negocio, es fundamental entender que uno vende conocimientos, pero muy poca gente está haciéndolo.

Tú tienes que volverte un experto en el negocio de tu cliente para poder entender sus necesidades y hablarle en su mismo lenguaje. Por ejemplo, si tú quieres venderle hilos a una empresa de manufactura textil, tienes que volverte un especialista en moda y confección.

Si tú puedes hablar como si fueras un experto en el negocio de tu cliente, se fortalece la conexión emocional y así puedes cerrar los tratos de forma menos desgastante y más rápida.

La clave, entonces, es investigar el negocio de tu cliente y en internet existen infinitas posibilidades para aprender.

Después, al hablar con él, puedes decirle: «Oye, he visto que en tu categoría está teniendo mucho éxito este nuevo modelo». O: «Te recomiendo esta innovación para generar más rentabilidad y productividad».

Lo más importante ahora es acercarse y fidelizar de negocio a negocio, a través del conocimiento de la categoría de cada cliente. No es la comprensión de tu propia actividad: puedes vender uno o muchos productos, pero fidelizas a través del conocimiento general del negocio.

## Claves para vender seguros

Cuando uno contrata un seguro de vehículo, lo que está buscando de forma subconsciente es no inmovilizarse, no dejar de trasladarse, de ir al trabajo, ni de llevar a sus hijos al colegio. Uno de los argumentos más poderosos para vender un seguro de automóvil es que este incluya una solución a su problema de transporte mientras su coche está en el taller.

«Señor, señora, si contrata nuestro seguro, le garantizamos que si tiene un choque la ayudaremos a alquilar un vehículo de sustitución a mitad de precio hasta que le devuelvan el suyo.» Este discurso es sumamente conectivo para la gente. Muy pocas empresas de seguros lo hacen. Aquí es fundamental entender que la gente no quiere quedarse sin coche porque eso es dejar de vivir. El cliente no quiere comprar un seguro del automóvil, sino una garantía de que no va a dejar su vida de lado simplemente porque sufrió un choque. Por tanto, hay que empezar a vender pólizas que le permitan seguir su rutina normal y que le eviten problemas y complicaciones porque su coche estará tres o cuatro semanas en el taller.

Otro asunto clave en esta categoría es entender que los coches suelen ser un elemento importante del patrimonio familiar. De esta manera, si sufres un choque con tu Mercedes Benz y te das cuenta de que le están poniendo un repuesto coreano a tu auto alemán, sin duda te va a generar mucha angustia y molestia.

Por tanto, se venden muchas más pólizas si el seguro puede brindarle al cliente la garantía de que, en caso de cualquier colisión, todas las piezas dañadas serán reemplazadas por repuestos originales. De lo contrario, la mayoría de las compañías aseguradoras le dirán al usuario que ya solucionaron su problema, pero él siempre pensará que no es así porque su coche ya no es alemán, sino medio coreano.

Por otro lado, en muchos países la gente no compra seguros de vida porque vivimos en el presente y no en el futuro. Debes tener concepción de futuro para adquirir una póliza de ese tipo. Al vivir en el presente solamente, la situación se vuelve dramática porque no se está cuidando el futuro de la familia.

Dentro de la mentalidad iberoamericana, por ejemplo, el seguro de vida es visto en ocasiones como un motivo de pelea y desgaste familiar. Quien piensa en suscribir un seguro de vida por un millón de dólares siente que, cuando muera, sus parientes se disputarán ese dinero y, para evitar problemas, decide no comprarlo.

Lo que hay que vender, en vez de seguros de vida, es herencia y trascendencia. Para eso hay que hacer entender a los posibles compradores que si están aquí, bienvenidos; pero cuando mueran pueden dejar a su familia en una situación mejor.

Lo importante es que el cliente comprenda que la falta de una persona siempre será dolorosa, pero puede ser menos problemática si se han tomado las previsiones y la familia no queda desamparada. Finalmente, los hijos dirán: «Papá ya no está, pero nosotros quedamos protegidos, con casa propia por primera vez y con los estudios pagados gracias al seguro».

Por eso, es muy diferente vender seguros de vida que vender herencia, trascendencia y seguridad para el futuro, gracias al seguro de vida.

# VIII

# LA MENTE DEL VENDEDOR

**Los miedos del vendedor**

El principal temor de un vendedor es quedar mal con su familia. Si le preguntas a alguno, te va a decir que es no cumplir sus metas, pero en realidad no es por las metas en sí, sino porque no llegar a la cuota establecida implica no tener el dinero suficiente para mantener a su familia. Si pudiera asegurar ese dinero para su hogar, lo haría, y por esa razón hay tanta gente trabajando por sueldos fijos.

Pero otra cosa que nos da mucho miedo es ser el peor vendedor del equipo de ventas. Normalmente, el que termina último de la lista acaba abandonando la empresa. Y no necesariamente se va porque sea malo o porque no necesite el dinero. Prefiere irse, y no ganar nada, a quedarse en el grupo y sentirse inferior.

Hay muchísimas compañías que tienen el premio al mejor vendedor del mes o del trimestre y, generalmente, los tres primeros son siempre los mismos. Yo les recomiendo que no hagan eso porque el resto de los vendedores piensa: «Para qué voy a esforzarme si sé que alguno de esos tres va a ganar», y tiran la toalla.

Es mucho mejor seguir lo que llamo el principio del

Candy Crush. ¿Has jugado alguna vez al Candy Crush? Seguro que sí. ¿Sabes por qué fue tan exitoso? Porque ellos descubrieron que, cuando te estancas, abandonas el juego para siempre. Entonces diseñaron un sistema que detecta cuándo estás fallando mucho para echarte una mano y ayudarte a pasar de nivel.

Según el creador del juego, te van dando más alternativas para que no te estanques y dejes de jugar. Entonces, llevando este principio al equipo de ventas, tú no te puedes permitir que alguien se quede fuera en el proceso.

Obviamente, si entiendes que es alguien que no le pone ganas, vago o mentiroso, mejor que desaparezca, pero si es una persona normal y bienintencionada, le debes abrir otras puertas y posibilidades, no puede sentir que es mala.

Y hay jefes de equipos y *coaches* de ventas dentro de muchas culturas, especialmente en la latina, que son terribles, pues tienen un supuesto sistema de motivación que implica gritar a los vendedores que son malos, afirmarles que no sirven para nada, que todos los demás son mejores, bajo la falsa premisa de que las personas se van a sentir desafiadas, pero no es cierto.

**Si ves que uno de tus equipos no puede vender un coche de 150.000 dólares, entonces dale para que venda el de 20.000.**

Y cuando lo haga, que siga con el de 40.000. Es muy importante ir abriendo posibilidades a los vendedores. Hay personas que empiezan lento al principio, pero luego se van enamorando de las ventas y se vuelven grandes vendedores.

Debe de ser durísimo para un vendedor dejarse las tripas en el negocio, llegar al trimestre y no recibir ni un centavo como bono o comisión. Eso no debe suceder.

No importa cuánto le des, aunque sean diez dólares, **pero dale siempre algo, eso es clave dentro de un**

**proceso de motivación**

y de incentivos para que no pare.

### La autoestima del vendedor

Como te contaba, es muy curioso, pero hay muchos que tienen vergüenza de decir que son vendedores y es una cosa frecuente en los países iberoamericanos; lo que no sucede en otras regiones. Ser vendedor es una profesión magníficamente pagada y muy reconocida en países como Estados Unidos. Pero en Iberoamérica estamos tratando de evitar siempre reconocerlo y eso se debe a nuestros complejos educativos y a nuestras tradiciones.

**Para ser un buen vendedor debes tener la autoestima elevada**

porque de lo contrario no duras ni tres meses en esto. Que te cierren la puerta en la cara, que te cuelguen el teléfono y que te manden a la porra varias veces al día es extremadamente duro. La única forma de aguantar esa tortura es creerte Superman, el hombre de acero.

Un buen vendedor siempre es terco como una mula, desde la óptica positiva. Tienes que declarar al universo que esta venta sí la vas a hacer y que la vas a conseguir. Con las neuroventas va a ser más fácil y con menos desgaste, pero la historia empieza por ti mismo.

Repito, tienes que ser un terco, pero inteligente. ¿Has escuchado hablar de David Ogilvy? Este señor sí que era un terco inteligente y fundó una de las empresas de publicidad más importantes del mundo, con la que yo colaboré algún tiempo. Él ya falleció, pero dejó una gran filosofía que siguen miles de personas.

Ogilvy decía: «Yo aprendí a hacer marketing y publicidad cuando vendía aspiradoras de casa en casa. Cuando me abrían la puerta con una cadena y dejaban un espacio de cuatro dedos, yo sabía que tenía menos de diez segundos para decir algo inteligente, de tal manera que me abrieran la puerta del todo o me la cerraran en la cara. Así aprendí a vender». Y se volvió uno de los publicistas y mercadólogos más importantes del mundo.

**Para ser un buen vendedor**
**no necesariamente tienes que estudiar.**
**Debes escuchar y pensar,**

que, además de gratis, es maravilloso. Pero se nos olvida recapacitar y hacer buenas preguntas. Los grandes vendedores se hacen en la calle, ponderando todo el día cómo lograr la venta. Somos gente llena de ganas que vamos más allá del dinero.

A veces creen que porque nos dedicamos a las ventas somos materialistas y enfermos del dinero, pero no es así. Simplemente nos gustan los retos, somos gente de desafíos. El máximo vendedor, cuando está en medio de una transacción, no piensa en la comisión, sino en el éxito que va a lograr cuando esa persona se vuelva su mejor cliente, y esa es su verdadera satisfacción. Y, claro, después de haber cerrado el negocio, ahí sí piensa en la comisión; es humano después de todo.

El que está persiguiendo únicamente la comisión y solo pensando en ella, seis meses después ya no es vendedor, se vuelve empleado con el sueldo mínimo donde sea. Pero el que va por el reto, ese sí se hace cada vez más grande.

**La motivación del vendedor**

Los vendedores somos personas que funcionamos por motivación,

**no hay nada peor que un equipo de ventas desmotivado**

porque debemos ser unos absolutos apasionados. Si no hay pasión, no hay innovación, no hay ventas, no hay nada. Si tú diriges equipos de ventas, asegúrate de que tu principal objetivo es comportarte como un entrenador deportivo con ellos, decirles todos los días que sí pueden.

**Nos interesa estar en una tribu exitosa,** a los vendedores nos encanta ser parte de ella. ¿Sabías que en el sector de las ventas se encuentran los más fanáticos del fútbol? Porque somos gente tribal, amistosa, extrovertida y normalmente nos apoyamos entre nosotros.

Nos gusta ser altamente reconocidos como buenos, pero no por nuestros compañeros de la empresa. Esas ceremonias del vendedor del año no nos interesan, ni siquiera invitan a nuestras familias o amigos para que nos reconozcan y nos aplaudan.

Y finalmente nos gusta sentirnos necesarios en la empresa. Pero el típico gerente general de ventas dice: «Tú no eres indispensable. O cumples las metas trimestrales o te vas, aquí no te necesitamos». Así, acaba de matar a ese vendedor. El discurso debería ser: «Porque te necesitamos aquí y no queremos que te vayas, tienes que vender más y cumplir tu meta».

No hay nada más indispensable en una empresa que un equipo de ventas. Una compañía puede pasar diez huelgas y veinte paros sindicales, pero sigue funcionando. Yo quiero ver qué le pasa si todo el equipo de ventas se va. En tres meses se acaba todo. Pero los empresarios no quieren aceptarlo. Por eso me da pena que los de logística, inventarios, finanzas, asesoría jurídica y a veces hasta recursos humanos sean los máximos enemigos de los vendedores. Pocos facilitan su labor.

**Ser vendedor es estar debajo de la guillotina todo el tiempo, es durísimo.**

Es el puesto de máxima rotación en una empresa, siempre.

Los mejores vendedores son los que se sienten parte de algo, saben que están ayudando a la gente y al mismo tiempo están ganando dinero. El que trabaja por pasión se siente a gusto vendiendo un coche que le va a cambiar la vida a una persona o un viaje que hará feliz a una familia. Y está más que satisfecho cuando las personas le traen de regalo un llaverito porque fueron las mejores vacaciones de su existencia. Esa es la persona que tiene el éxito asegurado.

Hace poco me escribió en Facebook un chico que trabaja en una librería. Había leído uno de mis libros, le encantó, le impactó y ahora, cada vez que una persona le pide que le recomiende un libro, él muestra *Estamos ciegos*. Entonces, dice, toda la gente regresa, se lo agradece y le pide otra recomendación. Aunque el jefe lo regaña por ser tan fanático de mi libro, pueden darse cuenta de que un vendedor que ofrece un producto en el que cree con pasión y soluciona una necesidad puede lograr disparar sus ventas y cumplir sus metas.

# IX

# CONTRATACIÓN Y MOTIVACIÓN DE LOS EQUIPOS DE VENTA

**¿Cómo contratar a los vendedores?**

Te voy a dar algunas preguntas clave para saber si una persona tiene madera de vendedor. Úsalas cada vez que entrevistes a algún candidato para cubrir un puesto de ventas. Y si no eres un reclutador, utilízalas para mejorar tu perfil.

## #1 ¿Tienes muchos amigos?

¿Cuántos amigos tienes en Facebook? «Doscientos.» Una persona que tiene veinte amigos en Facebook no formará parte de una tribu y no sabe hacer amigos, entonces nunca va a ser un buen vendedor. Pero si tienes trescientos amigos en tu Facebook también vas mal, porque no hay una herramienta más poderosa hoy para hacer ventas que las redes sociales. «No, yo solo lo uso para poner las fotos de mis hijos.» No, esa es tu página personal, yo hablo de tu cuenta de negocios. En mis talleres siempre pido que levanten la mano los que tienen un Facebook de negocios. Siempre son menos del 5 por ciento. ¡Espabílate, es gratis!

Ojo, si crees que te estoy proponiendo vender dentro del Facebook, no entiendes para qué sirve esta gran herramienta en realidad. Es para hacer amigos, muy buenos, que todo el tiempo te estén leyendo y te quieran por eso. Después, hay otras plataformas y otras formas de hacer negocios, pero el momento de hacer amigos no se mezcla con el de hacer negocios, es un principio básico, antropológico.

Otra cosa es, como te comentaba anteriormente, que surja una gran amistad cuando haces un negocio, pero recuerda que el principio era diferente. Una cosa llevó de manera natural a la otra, pero no se hicieron simultáneamente.

Si yo te invito a mi cumpleaños, llegas y me quieres vender alimento para perros, has metido la pata. Mejor disfrutemos la fiesta, comamos, bailemos, charlemos, emborrachémonos y luego, el martes, me llamas por teléfono y me ofreces la comida para perros. Así funciona, así de básico.

Pero no hay mejor amigo para las ventas que Facebook y YouTube. Capacítate y empieza a utilizarlos porque son una gran herramienta para generar contactos y servir gratuitamente a tus futuros clientes.

## #2 ¿Qué retos has logrado en la vida?

En mi caso, podría responder: ser aceptado en una sociedad castrante. Cuando me establecí en Chile tenía acento boliviano, y ya sabemos que los chilenos no quieren mucho a los bolivianos y los bolivianos quieren aún menos a los chilenos. Y en una sociedad como la chilena, donde estaban además los hijos de los políticos y la gente más rica de Chile, querían acabar conmigo, literalmente.

Además, en ese momento había un montón de comunistas y yo venía de una familia de derechas, así que imagínate lo que era eso. Fue un reto para mí en la vida averiguar qué tenía que hacer para ser aceptado, para que me invitaran a las fiestas, para tener amigos, para que la chica que me gustaba me prestara atención.

Tardé dos años en conseguirlo, pero lo hice. Probablemente llegué a ser el que tenía más amigos dentro del círculo porque fue un reto que yo decidí asumir y ganar, usando mi inteligencia, mi simpatía y mucha paciencia.

Si en una entrevista de trabajo yo le cuento esto a una persona que conoce bien el mundo de las ventas y lo que es un reto, probablemente me contrate. Pensará que, si fui capaz de afrontar eso a los diecinueve años, no hay nada que no pueda lograr ahora.

Entonces, pregúntate cuál ha sido el reto más importante de tu vida y si lo has superado. Si no, preocúpate por tenerlo. Los otros vendedores seguramente lo han conseguido.

## #3 ¿Qué necesidades y responsabilidad hacia tu tribu tienes?

Cuando vas a contratar a alguien, asegúrate de conseguir gente que tenga responsabilidades y cargas familiares porque se van a esforzar más y no van a abandonar el reto fácilmente. Si esa persona te dice que tiene más de treinta años y sigue viviendo con sus padres porque así no tiene que pagar alquiler, mejor llama a la siguiente.

Pregúntale qué créditos tiene pendientes. Quien nada debe, nada teme y nada vende. Todos los jefes de equipos queremos gente que necesite el dinero para pagar el alquiler, el crédito del coche, la mensualidad del colegio o la universidad de sus hijos, esa es la gente que funciona en ventas.

## #4 ¿Cuánto coraje tienes y cuáles son las pruebas de ello?

Si lo preguntas, nadie te va a decir que no tiene coraje, pero conozco a muy poca gente en el mundo que lo tenga realmente. De hecho, en algunos países, creo que menos del 10 por ciento tiene coraje de verdad.

¿Tú crees que porque te premian y gritas tienes coraje? No. Uno desayuna, almuerza, cena y vive con coraje. Es una vocecita interna que te dice: «Tú vas a ser el mejor, tú puedes, tú puedes». Las personas que lo tenemos no nacimos especiales, sino que tuvimos un padre, una madre o ambos que todos los días nos hacían creer que podíamos.

Por eso es tan importante desarrollar el coraje de nuestros hijos empezando por el deporte. Yo no estoy de acuerdo con decirle a un niño que perdió un partido: «No te preocupes, mi amor, lo importante es participar». Felicidades, papá y mamá, estáis preparando a un perdedor desde los siete años.

Y esto lo hacen muchos padres porque dicen: «Pobrecito, es que está triste». Quieres ayudarlo a que no esté triste y lo vuelves un perdedor. Lo que tienes que hacer es agacharte, mirarlo de frente y decirle: «Tú puedes lograrlo, hoy no jugaste tan bien, necesitas entrenar más, pero tú lo vas a lograr, y si tú quieres, vas a ser mejor jugador». En ese momento el niño se lo cree y comenzará a ser un ganador.

Dejemos las actitudes perdedoras que tenemos en la mente, como hacer a tus hijos perdedores desde pequeños en los deportes. Los estadounidenses son los más exitosos al final del día porque se lo enseñan a sus hijos desde pequeños, les dicen todos los sábados y domingos: *«You are the best, you are the champion»*. Es que en eso consisten los deportes, en aprender a luchar y soportar para alcanzar una meta.

Además, cada fin de semana, los padres estadounidenses se ponen una gorra y se van con sus hijos a practicar deportes y alentarlos, de tal manera que los hacen confiar en que pueden con todo. Les hicieron creer que son grandes y por eso lo son. A los iberoamericanos no nos enseñan así el deporte, nos hacen jugar a la pelota. En cambio, el fútbol americano es el deporte que demuestra más coraje.

Entonces, tienes que llenarte de coraje porque no existen ventas si no lo hay. Si entrevistas a una persona para vendedor, pídele que te cuente un ejemplo en su vida donde ha demostrado tener coraje y ahí te darás cuenta de si realmente es cierto.

A esa pregunta puede responder: «Yo gané el campeonato de mi deporte en mi país y luego el internacional», esa persona ha dado una muestra de coraje. Otra te dice: «Yo no tuve posibilidades de estudiar, pero hice este negocio para salir adelante», esa también, pues quien tiene poco y busca mucho, definitivamente, tiene coraje.

## #5 ¿Cuál es tu pasión?

Sin pasión no hay innovación. Si su respuesta es: «El fútbol. Voy todos los domingos al estadio a gritar, quiero ser parte del club y quiero tener la bandera más grande del estadio», perfecto, sí tiene una pasión, pero este es un teórico, un pensador *(thinker)*, no es un ejecutor *(doer)*. Vive la pasión, pero no hace nada.

El buen vendedor es un *doer*, no es el gritón de las graderías, es el que dice: «Yo juego, soy muy bueno para los deportes, corro maratones». Sí, es un apasionado que hace las cosas, es un *doer* de verdad. Las ventas son para *doers*, no para *thinkers*, ni para habladores. Son para personas que dicen: «Lo voy a hacer» y lo cumplen.

Pregúntale a alguien cuáles son sus pasiones y vas a ver. ¿Coleccionar monedas de varios países? ¡Que pase el siguiente! Hay pasiones sorprendentes que puedes encontrar, como entrenar todos los fines de semana a su hijo porque es muy malo para el fútbol, pero quiere lograr que sea bueno. O la pasión de seguir unido a una persona después de veinte años de matrimonio y hacer que cada día esta se enamore más de ti. Eso sí cuenta.

## #6 ¿Qué tal tu nivel de ambición y reto?

Típica pregunta de sistema de selección. El principio de un equipo de ventas triunfador es que esté formado por varios vendedores exitosos que trabajan juntos. Si le preguntas a un iberoamericano si es ambicioso, el 80 por ciento responderá que no. Mientras que en Estados Unidos la ambición es una virtud, en muchos otros países es considerada un defecto.

No sé por qué tenemos miedo de ser ambiciosos, ¿quién dice que es malo? El que no ambiciona tener un coche o una casa familiar no los va a tener, y el que no ambiciona ser líder tampoco lo va a ser. Una persona que tiene miedo de decir que es ambiciosa no va a ser una buena vendedora.

¿Te das cuenta de la cantidad de traumas que tenemos en nuestra cultura? Por eso no somos exitosos, dichosos y millonarios. Nuestra mente no está preparada para recibir prosperidad, felicidad y riqueza. Y ese es uno de los principios más importantes de las neuroventas: no tengas miedo, a esto hay que entrarle sin temor.

Hace seis años fui a una terapia porque no me animaba a subirme a un escenario. Cuando hace quince años descubrimos cómo funciona la mente humana, mucha gente quería que les diera entrevistas, conferencias y talleres. Pero yo siempre me negaba y les decía que no me interesaba.

Hasta que un día me pregunté qué demonios tenía en la cabeza, por qué negarme a enseñar lo que sabía cuando es algo fundamental en mi vida. Entonces acudí a una *coach* ontológica y en cuatro terapias me dijo que, además del pánico escénico, tenía un problema más serio: «A ti te da miedo el dinero».

Cómo va a ser, le dije, si lo que quiero es tener dinero. «No voy a acompañarte en eso; cómprate este libro, que te va a costar veintinueve dólares, léelo y estoy convencida de que cambiarás.» Leí el libro de T. Harv Eker que te recomendé antes y, tres meses después, la prosperidad llegó a mi vida de una manera impresionante; desde entonces está conmigo.

Pero el miedo a subir a un escenario me costó un tiempo de terapia. Finalmente, ella me dijo: «Jürgen, estás listo, busca una conferencia que dar». Al día siguiente, la Asociación de Agentes Inmobiliarios de Florida me invitaba a enseñarles a los estadounidenses cómo vender propiedades a clientes latinoamericanos.

Era una conferencia ante seiscientas personas y en inglés, cuando me gusta más hablar en español; doble problema. Pero les dije: «Señores, con mucho gusto».

Me llevaron en primera clase a Miami, me alojaron en el mejor hotel, hubo un récord de ventas y era un salón enorme lleno de personas. Yo vi el escenario y era como un toro, quería subir de inmediato. Desde entonces me encanta hacer presentaciones y talleres.

Los miedos me tuvieron atado hasta los treinta y cinco años, pero nunca es tarde para hacer que tu mente trabaje a tu favor y supere un reto.

## #7 ¿Cuánto te frustras y qué haces para solucionarlo?

«La verdad es que sí, yo me frustro por todo y me encierro en mi cuarto a escuchar música.» Eso responde a veces una persona que se postula a un puesto de vendedor. ¿Dime lo último que te frustró? «Bueno, es que llegué a París, quería ver a un amigo y se había ido de viaje, así que regresé unos días antes.» Ah, muy bien, que pase el siguiente.

Yo no digo que eso no sea frustrante, pero, vamos, es una tontería. Esta es una historia real: yo tenía un compañero en la universidad que soñaba con ir a Europa e hizo de todo para que nos fuéramos de viaje en grupo. Pero los demás no pudimos, y como él tenía dinero dijo: «A la porra con vosotros, me voy solo y estaré cuatro semanas».

Nos parecía increíble que este tipo se hubiera ido solo a Europa, era nuestro ídolo. Pero transcurrió una semana y ya estaba de vuelta. ¿Qué pasó? «Es que eso de viajar solo es demasiado duro. Llegué a ver la Torre Eiffel y me impactó tanto que quería comentarlo con alguien y no tenía a nadie a quien contarle lo que estaba sintiendo. Me asusté tanto que regresé.» Ah, pues.

Si hubiera tenido otra personalidad, podría haber conocido a otros viajeros, unirse a un grupo, conversar con ellos y recorrer toda Europa acompañado. Ese es el tipo que se desengaña y sabe salir adelante porque sabe cómo manejar el nivel de frustración.

Todos nos frustramos, yo soy un experto en hacerlo, pero para mí es la mejor gasolina, es la que me impulsa a ir más allá y a resolver las situaciones que la ocasionan. ¿Ustedes no creen que era frustrante para mí que me invitaran a dar conferencias y yo tuviera que decir que no? Me enfrenté a mí mismo y esa es mi realidad hoy. Cada año doy entre setenta y ochenta conferencias, en veinte países y en tres continentes. Casi casi vivo en un avión.

### Cómo motivar a un vendedor de hoy

Primero, hay que entender que

**el dinero NO ES lo más importante en la mente de un vendedor.**

Los que trabajan en la gerencia comercial creen que la mejor forma de aumentar las ventas es haciendo concursos, dando premios monetarios y subiendo las comisiones. No es cierto.

A un vendedor es más fácil motivarlo haciéndole sentir parte de una familia y de un equipo que hablándole de sus comisiones. Ojo, no es que las comisiones no sean importantes, pero el dinero es menos trascendente que lo antropológico. No sé si sabes que hasta en Estados Unidos, el país más materialista del mundo, el dinero es el tercer motivo por el que la gente trabaja.

Por ejemplo, es muy frecuente que, en mi oficina, los chicos reciban ofertas para trabajar en otros lugares con un sueldo mayor, pero ellos no se van. Les gusta lo que hacen, cómo los tratamos, les encanta ser parte de esta tribu, el reconocimiento personal y otras cosas que son simbólicas.

Yo te recomiendo muchísimo que te saques de la cabeza el discurso de las comisiones porque, aunque no deje de ser importante, es lo menos trascendente en la vida de un vendedor.

Te paso un consejo espectacular que viene a confirmar lo que te estoy diciendo. Un ejemplo: si tú tienes un equipo muy grande de mujeres vendedoras y necesitas duplicar el nivel de ventas este mes, lo primero que piensas es ofrecerles un premio.

Opción A: Anuncias que la que más venda se llevará un bono de 2.000 dólares, pues tú crees que con eso le van a poner muchísimas ganas.

Opción B: Anuncias que la ganadora se llevará el último modelo de bolso de Louis Vuitton y un vale para comprar los zapatos que ella quiera en la tienda que elija.

Vamos a suponer que los zapatos más caros valen 350 dólares y el bolso 1.200 dólares, nada más por darte una idea, pero entre los dos cuestan mucho menos de 2.000 dólares.

¿Qué crees que va a mover más a la mujer: ganarse los 2.000 dólares o el bolso y los zapatos? Estoy seguro de que todas las mujeres se esforzarán más por la opción B y esa es una prueba de lo que estoy diciendo: la gente no trabaja por dinero, sino por sus sueños y por sentirse bien. Eso sí, no les preguntes a las mujeres de este ejemplo qué premio quieren porque seguramente todas dirán que el dinero.

Yo he hecho esas campañas de ventas y las mujeres se decantan y trabajan felices por el premio no monetario. ¿Sabes por qué? Si la mujer trabaja durísimo y gana los 2.000 dólares, ¿sabes qué se va a comprar? Nada. Lo va a gastar todo en la casa, los pagos, el niño, cualquier cosa menos ella misma. En cambio, los zapatos y el bolso sí son para su propio placer.

Aquí te doy otro consejo: el código para el regalo perfecto es el mismo que para el incentivo ideal de tu equipo de ventas, es decir, regálale a la gente algo que sueña tener, pero que no está dispuesta a comprar con su propio dinero.

Ahora pasemos a otra cosa importante: el reconocimiento. La empresa organiza la convención anual de vendedores y los únicos que te ven recibir un premio son tus compañeros. Te dan un simple diploma de papel, llegas a casa y le dices a tu esposa: «Mira, me nombraron mejor vendedor», y ella te responde: «¡Qué bien, felicidades!».

No es que sea mala, solamente no entiende qué está sucediendo, si es importante, cuántos vendedores competían, qué tipo de gente era, ni lo que tuviste que hacer para ganar.

Entonces, yo aconsejo a todos los gerentes que, cuando hagan una convención para premiar a sus vendedores, se ocupen de que la familia del ganador esté en el salón, pues son las únicas personas que le importan al que recibe el premio.

En los actos tradicionales todos saben quién va a ganar, pero hacen la ceremonia solo entre vendedores para ahorrarse la invitación a las familias. ¿De qué sirve eso?, me pregunto.

Una gran forma de premiar a un vendedor es decirle: «Mañana, a las dos de la tarde, voy a pasar por tu casa para llevarte un almuerzo especial, invita a diez personas que quieras y allí te premiaré, en medio de toda tu familia». Llegas, le das su diploma, le explicas a la gente por qué se lo ha ganado y luego los dejas disfrutar de su comida. Eso sí es potente. Claro, dependiendo de qué segmento y a qué nivel, pero si estamos hablando de esos vendedores duros, de calle, que tienen sueldos no tan altos, es muy poderoso.

El reconocimiento de la familia es mucho más importante que la reafirmación interna. Obviamente te interesa la tribu, pero ellos saben todo el tiempo quién está ganando y quién está perdiendo. No sigan matando las aspiraciones del vendedor.

Es importante que la autoestima de los equipos de venta esté cuidada y resguardada. Los rechazos y los fracasos siempre están ahí, ¿quién no ha tenido alguna vez una venta no realizada?, pero hay que cuidar que esa experiencia no reduzca la autoestima del vendedor.

# X

## TAREA PARA CASA

¿Sabes por qué fracasamos tanto? En un estudio hecho por el catedrático John Kotter, profesor emérito de Harvard Business School, se demostró científicamente que el cerebro no quiere cambiar, es tan instintivo, tan animal y tan vago que no quiere hacer las cosas de manera diferente porque, en ese caso, gastaría tres veces más energía.

Por eso hay tanta gente mediocre en el mundo. Sería genial poderle decir a tu cerebro: «De ahora en adelante, en este cuerpo y en este cerebro se va a hacer lo que yo ordeno y no lo que tú mandas». El problema es que tú eres tu cerebro.

Normalmente los procesos cerebrales que buscan la estabilidad dominan la mente del ser humano, por eso quedarte en la zona de confort hace que gastes poco, mientras que elaborar las cosas de diferente manera produce que consumas tres veces más energía. Pero, solo si impones tu voluntad de seguir adelante y trazarte nuevas metas, tu cerebro podrá ganarle a su propio conformismo.

El cerebro dice: «Mejor no gastar energía porque la necesitamos para algo tan básico como comer, cazar, reproducirnos y sobrevivir». Es muy instintivo; no te está diciendo todos los días: «Sé mejor, aprende, muévete, cambia». Eso tienes que imponértelo con pura fuerza de voluntad.

La gente que quiere transformarse, lograr un cambio absoluto y obtener un beneficio de las horas que dedicó a la lectura de este libro, tiene que hacer lo siguiente, y esto sí es una receta:

**1.** Tienes cuarenta y ocho horas para poner en práctica las neuroventas, es una oportunidad única. Piensa en una estrategia de neuroventas aplicando todo lo que has aprendido en este libro. La cuenta atrás ya empezó. Si pasan esas cuarenta y ocho horas y no has hecho nada, ya no lo llevarás a cabo nunca en tu vida.

**2.** Haz todos los días un ejercicio de neuroventas que dure quince minutos. No sé qué, escoge tú: leer, preparar un discurso, capacitarte, escuchar, ver un vídeo, lo que quieras. Solo quince minutos diarios de temas de la mente, transformación, innovación o consejos para vender más. Y te voy a pedir que lo hagas durante 66 díasseguidos. Ese es el tiempo en el que se genera un hábito de este estilo. El día número 67 tu cerebro lo va a hacer de forma natural y no va a gastar tanta energía porque ya se acostumbró, se habituó a ello.

Ya sabes, la pelota está en tu tejado. Solo te pido por favor que hagas de esto una forma de ayudar a vender cosas que, ante todo, mejoren la vida de las personas. Si ahora comercias con algo que no cumple ese objetivo, no utilices la estrategia de neuroventas porque fue creada para generarle valor al ser humano, para que se sienta más feliz y realizado.

Te dejo esta frase de Henry David Thoreau:

# «El éxito llega para todos aquellos que están ocupados **buscándolo**».

**Por favor, ocúpate,**

**PENSAR ES GRATIS.**

# Nota final

Quiero despedirme mencionando a varios autores que con sus investigaciones y descubrimientos han guiado mi trabajo y me han permitido enriquecer mis conocimientos.

A Albert Mehrabian, profesor emérito de Psicología de la UCLA, le debemos el conocimiento de cuánto influyen en el sentido de un mensaje el lenguaje corporal y la entonación. Así, gracias a la regla 7-38-55, tenemos una idea muy exacta de cómo lo corporal y el tono de voz superan absolutamente a las palabras.

Para quienes estén interesados en el tema de cómo una mujer es en verdad muchas mujeres distintas, pueden consultar el trabajo de Erika Irusta, una pedagoga especializada en fases del ciclo menstrual. Gracias a ella sabemos que no es un mito hablar de que estrógenos y progesterona influyen, por ejemplo, en el ánimo con que las mujeres van de compras.

Durante la fase ovulatoria, una explosión de estrógenos provoca en la mujer la sensación de estar en todo su esplendor, lo que la lleva a comprar sin culpas; en cambio, en la fase preovulatoria, cuando los estrógenos están a la alza, se activa la capacidad de tomar decisiones racionales, mientras que en la fase premenstrual la progesterona estimula los estados de creatividad, lo que la hace ideal para comprar accesorios. Véase <www.elcaminorubi.com>.

Hoy en día la ciencia avanza a grandes pasos en los estudios que intentan determinar la forma en que funcionan los cerebros «femenino» y «masculino». De pronto todo se inclina a señalar que estas diferencias no son impactantes, y por supuesto de ninguna manera indican que un sexo sea más inteligente que otro; lo que sí se pone de manifiesto es que se dan diferentes comportamientos y procesos cognitivos entre hombres y mujeres.

Para esto, puede verse el artículo del doctor Nirao Shah, profesor de Psiquiatría y Ciencias del Comportamiento y Neurobiología de la Universidad de Stanford, «Two minds: The cognitive differences between men and women», que puede consultarse en <stanmed.stanford.edu/2017spring>.

En este sentido, la especialista en psicología experimental Cordelia Fine menciona que no se puede afirmar que el cerebro masculino sea más apto para entender el mundo o que el femenino comprenda mejor a las personas, pues no hay una base científica concluyente que lo sostenga. Así que hay que considerar también que muchas de las diferencias entre hombres y mujeres se deben a la presión social para que unos y otras se adapten a los estereotipos conocidos.

# Bibliografía

Boothman, Nicholas, *Cómo caer bien a los demás en menos de 90 segundos. Aprende a leer el lenguaje corporal*, Oniro, 2011.

Dawkins, Richard, *El gen egoísta. Las bases biológicas de nuestra conducta*, Salvat, 2014.

Eker, T. Harv, *Los secretos de la mente millonaria*, Sirio, 2005.

Fine, Cordelia, *Testosterone Rex: Myths of Sex, Science and Society*, W. W. Norton & Company, 2017.

Pradeep, A. K., *The Buying Brain: Secrets for Selling to the Subconscious Mind*, Wiley, 2010.

Zaltman, Gerald, *Cómo piensan los consumidores*, Empresa Activa, 2004.

